1496

Y Ffydd

TORFAEN LIBRARIES
WITHDRAWN

DARLLENIADAU A MYFYRDODAU AR GYFER ADDOLIAD PERSONOL NEU GYHOEDDUS

CASGLWYD GAN
H. GARETH ALBAN

Book No. 1496537

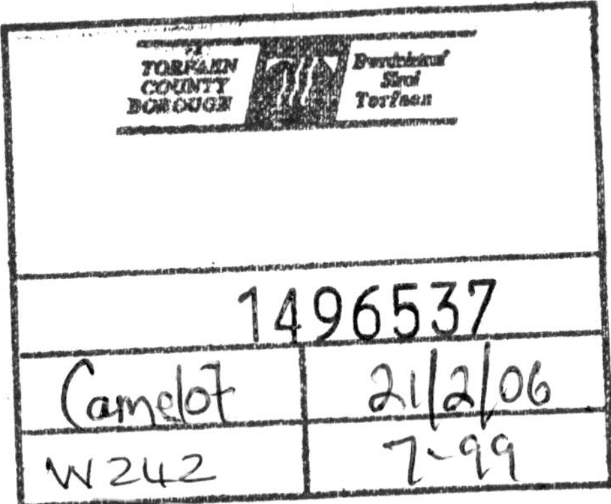
TORFAEN COUNTY BOROUGH
Bwrdeistref Sirol Torfaen
1496537
Camelot
21/2/06
W242
7-99

Cyhoeddiadau'r Gair Ⓗ 2005

Testun wedi ei baratoi gan:
H. Gareth Alban

Golygydd Cyffredinol: Aled Davies

ISBN 1 85994 526 0
Argraffwyd yng Nghymru.

Cedwir pob hawl.
Ni chaniateir copïo unrhyw ran o'r deunydd hwn mewn unrhyw ffordd oni cheir caniatâd y cyhoeddwyr.

Cyhoeddwyd gan
Cyhoeddiadau'r Gair, Cyngor Ysgolion Sul Cymru,
Ysgol Addysg, PCB, Safle'r Normal,
Bangor, Gwynedd, LL57 2PX.

CYNNWYS

Rhagair 6

Y Creu 8

Haelioni 10

Cartrefi 12

Teuluoedd 14

Cyfeillion 16

Ieuenctid 18

Henaint 20

Atgofion 22

Derbyniad 24

Iselder 26

Hapusrwydd 28

Chwerthin a Chrïo 30

Da a Drwg 32

Temtasiwn 34

Methiant ac Edifeirwch 36

Maddeuant 38

Dewis 40

Cariad 42

Gwyleidd-dra 44

Aberth 46

Addewidion 48

Ffawd a Lwc 50

Ofn a Phryder 52

Dewrder 54

CYNNWYS

Addoli 56
Ffydd ac Amheuaeth 58
Gweddi 60
Cydymdeimlad 62
Gwrando a Distawrwydd 64
Cyfathrebu 66
Doethineb a Dysg 68
Arweiniad 70
Ufudd-dod 72
Rhyddid 74
Iechyd a Chyfanrwydd 76
Tangnefedd 78
Cyfiawnder a Barn 80
Cymdogion 82
Casineb 84
Cywir ac Anghywir 86
Gwirionedd 88
Onestrwydd a Rhagrith 90
Balchder 92
Grym ac Uchelgais 94
Cnawdolrwydd 96
Cenfigen 98
Cysur 100
Cryfder a Gwendid 102
Adloniant 104

CYNNWYS

Gwaith 106
Straen 108
Blinder 110
Bwyd a Diod 112
Trachwant a Materoliaeth 114
Diolchgarwch 116
Plant 118
Anifeiliaid 120
Dioddefaint 122
Nefoedd ac Uffern 124
Y Byd Anweledig 126
Ymrwymiad 128
Dicter 130
Marwolaeth 132
Colled a Galar 134
Unigrwydd 136
Hawliau a Chyfrifoldeb 138
Gobaith 140
Goleuni a Thywyllwch 142
Dathlu 144
Amynedd 146
Cyplau 148
Genedigaeth 150
Pen-blwyddi 152

RHAGAIR

Beth sydd yn eich meddwl *chi* pan sonnir am y Beibl? Hwyrach y meddyliwch am lyfr du yn arogli o henaint a lledr, yn cynnwys cannoedd o dudalennau tu hwnt o denau yn llawn print mân, a dwy neu dair colofn i bob tudalen. Mae'r geiriau yn aml yn hynafol ac yn annealladwy i'r oes heddiw. Nid dyma'r math o lyfr a ddewisech i gael mwynhad o ddarllen - nid yn y ddiwyg yna, beth bynnag. Ond mae'r Beibl bellach wedi ei gyfieithu i iaith heddiw, ac yn fwy deniadol o ran ei ddiwyg. Mae llawer o bobl yn darganfod, bod y Beibl yn llyfr lliwgar, byw, perthnasol, yn llawn o ddrama, trychineb, cariad, dioddefaint, prydferthwch a hiwmor. Mewn gwirionedd llyfrgell o lyfrau ydyw, wedi eu hysgrifennu dros nifer o ganrifoedd gan wahanol bobl - ysgolheigion, llysgenhadon, beirdd, brenhinoedd, meddygon, pysgotwyr a nifer mawr o rai eraill. Mae llythyrau, barddoniaeth, hanes, a storïau eraill di-rif ynddo. Ond er bod i'r Beibl gymaint o rannau gwahanol, mae eto'n undod ac felly'n llawer mwy na rhannau unigol wedi eu rhoi wrth ei gilydd. Ac nid yn unig mae'n ddifyr ond mae llawer o ddarllenwyr wedi canfod yn ei dudalennau y ffordd i fywyd gwahanol. Daeth y Beibl â hwy wyneb yn wyneb â doethineb, gwirionedd, realiti - a'r Person y tu ôl i'r cyfan - Duw, sydd, drwy Iesu, am ddod yn agos at bobl gyffredin fel ni.

Mae'r pynciau wedi eu dewis i gyd-fynd â'r calendr Cristnogol ar gyfer y sawl sy'n cael hyn yn help. Mae'r dyfyniadau o'r Beibl yn fwriadol fyr, ond mae digon o gyfeiriadau i ddangos ble yn y Beibl y medrir darllen mwy am y bobl a'r digwyddiadau y cyfeirir atynt.

Bywyd yn dechrau

Yna lluniodd yr Arglwydd Dduw ddyn o lwch y ddaear, ac anadlodd yn ei ffroenau anadl einioes; a daeth yn greadur byw.

GENESIS 2:7

Mae gwyddonwyr yn cynnig damcaniaethau newydd o hyd ar sut y daeth bywyd i fod. Tuedd pob syniad newydd yw taflu yr hen o'r neilltu. Mae penodau cyntaf Genesis yn dweud yr hyn y dylem ei wybod er mwyn byw ein bywydau yn llawn. Gwneir hyn mewn ffordd farddonol brydferth. A dyna *yw,* barddoniaeth - nid gwybodaeth wyddonol na chwaith atebion i gwestiynau nad oes gan y Beibl ddiddordeb yn eu gofyn. Fe fedr barddoniaeth gynnwys gwirionedd hanfodol mewn ffordd a ddeellir mewn unrhyw oes a chan bobl o alluoedd gwahanol. Dysgwn, pa ffordd bynnag y dechreuodd bywyd, fod Duw - ac y mae - o'r tu ôl i'r cyfan. Duw yw'r Arlunydd mawr a Chreawdwr bywyd. Mae llawer o wyddonwyr yn cydnabod bod rhaid bod yna Dduw, eto i gyd clywais un sy'n anffyddiwr yn siarad ar y radio am ystlumod sydd, fel y cydnabu, 'i bob golwg wedi'u cynllunio'n hyfryd ar gyfer uwchsain' ond yna'n ychwanegu, 'Dwyf i ddim yn credu bod yna gynllun'! Mor anodd yw bod yn sgeptig - gymaint rhwyddach yw ymddiried i dystiolaeth ein synhwyrau!

Diogelu'r Ddaear

Felly creodd Duw ddyn ar ei ddelw ei hun; ar ddelw Duw y creodd ef; yn wryw ac yn fenyw y creodd hwy. Bendithiodd Duw hwy a dweud, 'Byddwch ffrwythlon ac amlhewch, llanwch y ddaear a darostyngwch hi; a llywodraethwch ar bysgod y môr, ar adar yr awyr, ac ar bopeth byw sy'n ymlusgo ar y ddaear.' A dywedodd Duw, 'Yr wyf yn rhoi i chwi bob llysieuyn sy'n dwyn had ar wyneb y ddaear, a phob coeden â had yn ei ffrwyth; byddant yn fwyd i chwi... Gwelodd Duw y cwbl a wnaeth, ac yr oedd yn dda iawn.

GENESIS 1:27-29, 31

Mae gennym fel dynion a merched freintiau unigryw yn ogystal â chyfrifoldebau yn y byd. Cawsom ein creu gan Dduw i'w adnabod ac i fod mewn perthynas ag ef. Rydym hefyd mewn perthynas arbennig â'r ddaear a'i chreaduriaid. Mae gennym gyfrifoldeb i ofalu am yr holl anifeiliaid. Mae ffermio ffatri a rhai dulliau o gludo anifeiliaid a'u lladd yn warth ar yr hil ddynol. Mae camdrin anifeiliaid anwes ac anifeiliaid gwyllt yn wadiad o'n cyfrifoldeb arbennig i ofalu ar eu hôl. Rydym wedi ecsbloitio'r ddaear a'i hanrheithio. Rydym wedi creu powliau llwch ac ysbeilio defnyddiau crai oherwydd ein trachwant a'n hunanfawrhad. Sut y medrwn ni wneud iawn am rai o'r camgymeriadau hyn?

Y Tywydd

A fuost ti yn ystordai'r eira, neu'n gweld cistiau'r cesair?... Prun yw'r ffordd i'r fan lle y rhennir goleuni ac y gwasgerir gwynt y dwyrain ar y ddaear?... Pwy a wnaeth sianel...i lawio ar dir heb neb ynddo, a diffeithwch heb neb yn byw ynddo, i ddigoni'r tir diffaith ac anial, a pheri i laswellt dyfu yno? A oes tad i'r glaw? Pwy a genhedlodd y defnynnau gwlith? O groth pwy y daw'r rhew? A phwy a genhedlodd y llwydrew, i galedu'r dyfroedd fel carreg?

JOB 38:22, 24, 26-30

Cyhuddir ni yn y wlad hon o sôn byth a hefyd am y tywydd. A chwyno amdano hefyd, fel rheol! Meddai un o'n dynion tywydd mwyaf amlwg: 'Gennym ni mae'r tywydd mwyaf cyfnewidiol a di-ddal yn y byd.' Hwyrach felly mai dyma yw ein hesgus. Ond mae'r rhan fwyaf o'r gwledydd yn cael problemau tywydd. Fe wyddom fwy am yr hyn sy'n dylanwadu ar y tywydd nag yn amser Job, ond mae sylwadau barddonol Duw wrth Job am ei anallu i reoli'r tywydd yn wir o hyd. *Mae* ffolineb dynol yn cyfrif i raddau am dywydd drwg. Ond ar y cyfan rhywbeth i'w fwynhau neu ei ddioddef orau y gallwn yw'r tywydd.

Y rhodd orau o'r cwbl

Oherwydd yr ydych yn gwybod am ras ein Harglwydd Iesu Grist, fel y bu iddo, ac yntau'n gyfoethog, ddod yn dlawd drosoch chwi, er mwyn i chwi ddod yn gyfoethog trwy ei dlodi ef.

2 CORINTHIAID 8:9

Fe eglurodd Paul yn ei lythyr at Gristnogion Corinth nad oedd Duw yn golygu iddynt roi i eraill a bod mewn eisiau eu hunain. Fe ddywed hyn yn glir wrth ofyn iddynt fod yn hael eu rhoi tuag at gynorthwyo tlodion Jerwsalem. Am weld rhyw gymaint o gydraddoldeb yr oedd Paul. Pe bai'r cyfoethog - fe fedr y term fod yn un cymharol - yn helpu'r rhai gwirioneddol dlawd, yna câi pawb eu bodloni.

Fe aeth Iesu ymhell tu hwnt i hyn. Gadawodd y grym a'r cyfoeth oedd yn ei feddiant fel Creawdwr a Mab Duw er mwyn dod i'r byd; fe fu fyw fel crefftwr ac yna fel pregethwr teithiol heb gartref na meddiannau. Gwnaeth hyn fel y cam cyntaf i wneud dynion a merched yn feibion a merched Brenin y brenhinoedd. Nid rhyfedd i Paul glodfori: 'Diolch i Dduw am ei rodd anrhaethadwy.'

Lledaenu llawenydd!

Rhowch ac fe roir i chwi; rhoir yn eich côl fesur da, wedi ei wasgu i lawr a'i ysgwyd ynghyd nes gorlifo; oherwydd â'r mesur y rhowch y rhoir i chwi yn ôl.

LUC 6:38

Meddyliwch am farchnad yn amser Iesu. Nid oedd bagiau papur na phlastig ar gael. Roedd y grawn yn cael ei arllwys i boced y prynwr, poced wedi'i gwneud trwy blygu ei fantell hir i'w wregys. Ond roedd yn rhaid mesur y grawn yn gywir mewn cynhwysydd i ddechrau. Roedd y masnachwr hael yn ysgwyd y cynhwysydd, yna'n gwasgu'r grawn i lawr ynddo a llenwi wedyn fel y câi'r cwsmer fargen iawn yn ei boced.

Nid blacmelio'r person crintach i fod yn fwy hael trwy addo ffordd iddo ddod yn fwy cyfoethog a wnâi Iesu; ond dangos yr hyn sy'n ffaith mewn bywyd. Fe *gaiff* pobl hael eu trin yn haelionus. Tueddwn i ymateb yn y ffordd y cawn ein trin ein hunain. Mae rhai pobl yn credu bod Iesu'n addo i bobl haelionus y byddai *Duw* yn eu gwobrwyo. Sut bynnag, mae'n fwy pleserus bod yn hael nag yn grintach.

Rhyfeddol ras!

Pan gyrhaeddodd Meffiboseth fab Jonathan, fab Saul, syrthiodd ar ei wyneb o flaen Dafydd ac ymgreinio; gofynnodd Dafydd, 'Meffiboseth?' ac atebodd yntau, 'Ie, dyma dy was.' Dywedodd Dafydd wrtho, 'Paid ag ofni, yr wyf wedi penderfynu gwneud caredigrwydd â thi er mwyn Jonathan dy dad; yr wyf am roi'n ôl i ti holl dir dy daid Saul, ac fe gei di dy fwyd bob dydd wrth fy mwrdd i.'

2 SAMUEL 9:6-7

Am flynyddoedd fe fu'r Brenin Saul yn erlid Dafydd a cheisio'i ladd, ond yn awr mae Saul yn farw a Dafydd yn frenin. Yn aml fe fyddai brenhinoedd y dwyrain yn lladd etifeddion y brenin blaenorol. Er mwyn osgoi y fath ffawd i'w meistr ifanc, Meffiboseth, cymerodd ei famaeth ef o'r palas pan glywodd am farw Saul a Jonathan mewn rhyfel. Yn ei brys gollyngodd y bychan pum mlwydd oed o'i breichiau ac anafwyd ei ddwy goes gan ei adael yn gloff.

Ond daioni oedd ym mwriad Dafydd tuag at deulu Jonathan. Gorchmynnodd nad oedd Meffiboseth dlawd ac anabl - erbyn hyn yn ddyn - i gael ei ladd. Yn hytrach roedd i gael ei eiddo wedi'i ddychwelyd iddo ac i gael byw yn barhaol yn y palas. Mae gan y Beibl air - 'gras' - i ddisgrifio'r fath gariad sy'n cael ei arllwys ar rai nad ydynt yn ei haeddu. Dyma'r fath gariad mae Duw yn ei ddangos atom ni yn ddi-feth, er mwyn Iesu - y Mab y mae'n ei garu.

Ffoaduriaid

...dyma angel yr Arglwydd yn ymddangos i Joseff mewn breuddwyd, a dweud, 'Cod, a chymer y plentyn a'i fam gyda thi, a ffo i'r Aifft, ac aros yno hyd nes y dywedaf wrthyt, oherwydd y mae Herod yn mynd i chwilio am y plentyn er mwyn ei ladd.' Yna cododd Joseff, a chymerodd y plentyn a'i fam gydag ef liw nos, ac ymadael i'r Aifft. Arhosodd yno hyd farwolaeth Herod...

MATHEW 2:13 15

Ar hyd fy oes i mae ffrwd gref o 'bobl wedi colli eu cartrefi' o wahanol rannau o'r byd wedi eu gorfodi i ffoi oherwydd rhyfeloedd, erchyllterau a thrychineb. Rydym ni wedi hen gyfarwyddo â gweld gorymdeithiau trist o famau a'u babanod, y cleifion a'r hen, yn cario'u heiddo pathetig, eu sosbenni a'u padelli. Os nad ydym *ni'n* treiddio i'w dioddefaint, fe wna Duw. Pan ddaeth yn ddyn, daeth yn ffoadur hefyd. Os adwaenwn Iesu a'i deulu yn ffoaduriaid y byd, fe fyddwn yn fodlon rhoi i'r sawl sy'n mynd i'w helpu a cheisio lleddfu peth ar eu dioddef.

Adeiladu neu ddinistrio cartrefi?

Y mae doethineb yn adeiladu ei thŷ, ond ffolineb yn ei dynnu i lawr â'i dwylo ei hun.

DIARHEBION 14:1

Mae sôn am ferched fel gwragedd tŷ yn debyg o gynhyrfu rhai pobl yn ein dyddiau ni. Hwyrach, fodd bynnag, y cytunai'r mwyafrif mai'r gwragedd yn aml sy'n debygol o ddefnyddio eu gallu ymarferol ac emosiynol i gadw'r teulu gyda'i gilydd. Ond gall yr adnod hon gyfeirio at ddynion yn ogystal â gwragedd. Tebyg mai meddwl am greu perthynas dda y mae'r adnod, nid am ddewis papur wal neu bod yn dda am gadw tŷ. Ond yn y cartref y digwydd y cyfan. Mae'r math o feithrin aelwyd sy'n nerthu ac yn magu perthynas yn costio. Mae'n gofyn am amynedd, peidio â bod yn hunanol, am deyrngarwch ac addfwynder - rhinweddau prin. Gall gymryd blynyddoedd i adeiladu priodas neu i feithrin perthynas deuluol sy'n ddigon cadarn i wynebu'r adegau anodd a thrist mewn bywyd. Ar y llaw arall mae gweithredu'n hunanol a digydymdeimlad yn difetha popeth. Mae'n gynt a rhwyddach chwalu na pharhau i feithrin ffordd o gyd-fyw sy'n sail i gartref.

Angylion diarwybod

Peidiwch ag anghofio lletygarwch, oherwydd trwyddo y mae rhai, heb wybod hynny, wedi rhoi llety i angylion.

HEBREAID 13:2

Tebyg bod gan awdur y llythyr at yr Hebreaid enghraifft mewn meddwl pan yw'n sôn am groesawu angylion yn ddiarwybod. Disgrifia llyfr Genesis Abraham yn eistedd wrth ddrws ei babell ganol dydd, pan welodd dri dyn. Yn ôl arfer lletygarwch nomad yr anialwch, mae'n eu gwahodd i eistedd yng nghysgod y goeden, i ymolchi a mwynhau bwyd a diod. Fe fu'n rhaid iddynt ddisgwyl yn hir am fwyd, roedd yn rhaid i Abraham ladd llo cyn i'w weision ei baratoi a'i goginio. Yn y cyfamser roedd ei wraig Sara yn gwneud bara. Roedd y croeso hwn yn sicr yn costio iddynt mewn amser a thrafferth. Ond, yn rhyfeddol, fel y digwyddodd hi fe drodd allan mai angylion oedd y tri dyn yn dwyn neges i Abraham. Heb eu croesawu tebyg na fyddai Abraham wedi cael y neges. Ni wyddom na all rhywun a groesawn am baned o de neu lety noson ddod â rhywbeth arbennig oddi wrth Dduw. Mae 'angel' yn ddisgrifiad da o rywrai felly.

Teuluoedd gyda'i gilydd

Wedi iddynt gyflawni popeth yn unol â Chyfraith yr Arglwydd, dychwelasant i Galilea, i Nasareth eu tref eu hunain. Yr oedd y plentyn yn tyfu yn gryf ac yn llawn doethineb; ac yr oedd ffafr Duw arno.

LUC 2:39-40

Nid yw'n rhwydd bellach cael pryd o fwyd â'r teulu i gyd yn bresennol, yn arbennig ar gyfnodau neilltuol yn hanes y teulu. Felly, efallai y cânt eu cadw ar gyfer achlysuron arbennig. Ond gall trafod newyddion a syniadau gryfhau y rhwymau teuluol. Mae gweithio a chwarae fel teulu yn bwysig hefyd.

Fe fyddai'r mwyafrif ohonom yn credu i Iesu, pan ddaeth i'r ddaear, gael bywyd caled. Fe gafodd ei eni mewn lle heb fod yn rhy lân o bosibl, ac nid oedd tyfu i fyny yn rhwydd. Roedd digon o waith caled i bawb, yn cynnwys y plant - ac nid oedd arian dros ben - yn y cartref yn Nasareth. Ond rhoddodd Duw rieni ardderchog i Iesu gan ddangos y gwerth a rydd ef ar y teulu. Rhoddodd ei fam Mair, a'i dad maeth Joseff y fath orau o fagwraeth iddo. Roeddent yn ei ddysgu am Dduw, câi ddisgyblaeth gadarn ond teimlai'n ddiogel a châi ddigon o gariad - pethau sy'n sicrhau y dechrau gorau i blentyn. Uwchlaw pob dim roedd ei rieni yn batrymau iddo o'r ffordd orau i fyw.

Y teulu anghytûn

Bob tro yr oedd Elcana'n offrymu, byddai'n rhannu darnau o'i offrwn i'w wraig Peninna ac i bob un o'i bechgyn a'i merched; ond un darn a roddai i Hanna, er mai hi a garai, am fod yr Arglwydd wedi atal iddi gael plant. Byddai ei chyd-wraig yn ei phoenydio'n arw i'w chythruddo am fod yr Arglwydd wedi atal iddi gael plant. Dyma a ddigwyddai bob blwyddyn pan âi i fyny i dŷ'r Arglwydd.

1 SAMUEL 1:4-7

Fe osodwyd yr olygfa wrth yr allor yn Seilo. Bob blwyddyn âi'r teulu yno i aberthu i Dduw ac fel rhan o'r dathliad rhannu pryd o fwyd. Ond cafodd y pryd bwyd ei ddifetha gan sylwadau pigog, golwg glwyfedig, tyndra a dagrau. Roedd Elcana yn caru Hanna, ond nid oedd ganddi blant. Roedd gan Peninna blant ond nid oedd gan Elcana fawr o gariad tuag ati. Ceisiai Elcana weithredu'n deg, ac fe'i câi hi'n anodd dewis rhwng cariad a chyfrifoldeb. Rhaid bod y plant yn dioddef hefyd. Fe rwygir aml i deulu heddiw gan broblemau tebyg. Nid oedd atebion rhwydd. Yn ei chyfyngder aeth Hanna â'i phroblem at Dduw. Y canlyniad oedd geni Samuel, arweinydd a phroffwyd mawr yn Israel. Hwyrach na fydd Duw yn ateb ein gweddïau fel yr hoffem, ond *fe fedr* roi nerth a chariad lle mae tyndra mewn teulu.

Pwysigrwydd taid a nain

Daw i'm cof y ffydd ddiffuant sydd gennyt, ffydd a drigodd gynt yn Lois, dy nain, ac yn Eunice, dy fam, a gwn yn sicr ei bod ynot tithau hefyd.

2 TIMOTHEUS 1:5

Nid yw neiniau yr hyn oeddent. Nid hen wragedd bach ydynt bellach, yn hytrach mae llawer ohonynt wedi gwisgo'n dda a graenus a chanddynt eu gyrfaoedd eu hunain. Beth bynnag fo'r ddelwedd, mae ganddynt rôl bwysig o hyd. Nid yw'r bwlch o ddwy genhedlaeth yn eu pellhau'n ormodol. Y gwir yw bod llawer o blant a phobl ifanc yn eu harddegau yn ei chael hi'n rhwyddach ymddiried yn eu teidiau a'u neiniau nag yn eu rhieni. Hwyrach nad ydynt mor llym a beirniadol, a'u bod yn sylweddoli'n well sut yr oeddent hwy yn ifanc. Fe all teidiau a neiniau ddangos cariad aruthrol diamod ymhob cyfnod ym mywyd yr ifanc. Fe all y rhai ohonynt sy'n credu yn Nuw ddangos mor bwysig yw ffydd - nid drwy bregethu ond drwy eu ffordd o fyw. Fe all teidiau a neiniau annwyl, sy'n byw mewn ffydd ac yn llawenydd eu Harglwydd, fod yn ddylanwad eithriadol gryf. Fe ddangosodd nain Timotheus ei chariad tuag at yr Ysgrythurau iddo. Ni fedrai neb wneud yn well.

Ffrindiau gorau

Wedi i Ddafydd orffen siarad â Saul, ymglymodd enaid Jonathan wrth enaid Dafydd, a charodd ef fel ei hun... Gwnaeth Jonathan gyfamod â Dafydd am ei fod yn ei garu fel ef ei hun...

1 SAMUEL 18:1, 3

Mae rhai cyfieithiadau modern Saesneg yn cadw'n glir o'r geiriau 'caru' a 'cariad' yma, ond dyna sydd yn y Beibl Cymraeg Diwygiedig. Yn anffodus mae'r osgoi hwn yn glastwreiddio'r ystyr. Tebyg mai'r holl sôn yn ein dyddiau ni am wrywgydiaeth sydd wrth wraidd yr osgoi. Rhaid esgymuno unrhyw awgrym bod Dafydd a Jonathan yn wrywgydwyr. Erbyn hyn mae cyfeillgarwch clòs rhwng dynion neu ferched yn siwr o awgrymu arwyddocâd rhywiol. Mae'n amhosibl i'n cymdeithas ni dderbyn y ffaith y gall cyfeillgarwch dwfn fodoli heb i ryw fod yn gysylltiedig ag ef. Druan ohonom ni! Mae cyfeillgarwch Dafydd a Jonathan yn ddiarhebol. Mae'n dangos fel y medr cyfeillgarwch dyfu a ffynnu rhwng dau a fydd wedyn yn teimlo'n rhydd i rannu pob meddwl a syniad, llawenydd a dagrau. Fe aeth cyfeillgarwch Dafydd a Jonathan drwy gyfnodau dychrynllyd o anodd, ond ni wyrodd eu ffyddlondeb at ei gilydd. Ar ôl i Jonathan gael ei ladd mewn brwydr, geiriau Dafydd oedd: *'Gofidus wyf amdanat, fy mrawd Jonathan,buost yn annwyl iawn gennyf; yr oedd dy gariad tuag ataf yn rhyfeddol, y tu hwnt i gariad gwragedd.'*

Afiaith cyfeillgarwch

Y mae cerydd agored yn well na chariad a guddir. Y mae dyrnodau cyfaill yn ddidwyll, ond cusanau gelyn yn dywyllodrus. Y mae haearn yn hogi haearn, ac y mae dyn yn hogi meddwl ei gyfaill.

DIARHEBION 27:5-6, 17

Nid yw gwir gyfeillgarwch yn rhywbeth merfaidd. Nid yw'r math gorau o gyfaill yn cytuno â ni ymhob dim nac yn cadarnhau popeth a ddywedwn - pa un a yw'n wir ai peidio, yn ddoeth neu ddwl. Mae'n rhy rwydd dewis ffrindiau fel yna, rhai na fydd yn fygythiad i'n hunan-dyb, ac a fydd yn celu'r gwir plaen rhagom ni. Mae arnom i gyd wir angen cael un ffrind o leiaf a fydd yn barod i'n rhoi yn ein lle beth bynnag fydd ein teimladau ni. Os ydym yn gwybod beth sydd orau i ni, fe wrandawn ar y gwir, pa mor annymunol bynnag y bo, gan rywun yr ydym yn ymddiried ynddo. Rhaid i ni gael y dewrder i fod yn onest yn ôl.

Gwerth arall cyfeillgarwch yw y gall ein symbylu i feddwl. Mae'n beth gwerthfawr trafod syniadau gyda'n gilydd. Mae trafod ein syniadau gyda ffrind yn hogi'r meddwl ac yn gymorth i ehangu'n dirnadaeth. Bydd rhagfarn a diffyg meddwl yn glir yn cael ei gywiro, ac fe fydd dogn dda o chwerthin yn gwneud y cymryd a'r rhoi yn beth difyr.

'Chwi yw fy nghyfeillion'

"Dyma fy ngorchymyn i: carwch eich gilydd fel y cerais i chwi. Nid oes gan neb gariad mwy na hyn, sef bod dyn yn rhoi ei einioes dros ei gyfeillion. Yr ydych chwi'n gyfeillion i mi os gwnewch yr hyn yr wyf fi'n ei orchymyn ichwi. Nid wyf mwyach yn eich galw yn weision, oherwydd nid yw'r gwas yn gwybod beth y mae ei feistr yn ei wneud. Yr wyf wedi eich galw yn gyfeillion, oherwydd yr wyf wedi gwneud yn hysbys i chwi bob peth a glywais gan fy nhad."

IOAN 15:12-15

Y nos cyn ei farw pan siaradodd Iesu â'i ddisgyblion am gyfeillgarwch fe eglurodd iddynt rai o'r pethau oedd ymhlyg mewn perthynas iawn. Fe edrychai Iesu arnynt fel cyfeillion, nid gweision, a thrafodai yn agored gyda hwy faterion ei Dad. Pwysleisiodd fod cariad yn rhywbeth i'w rannu rhwng cyfeillion. Yr eithaf yw bod yn barod i farw dros gyfaill - yr union beth a wnaeth Iesu. Ond mae cariad yn dymuno plesio hefyd, a gwneud pethau sy'n dderbyniol i gyfaill. Os oedd y disgyblion am fod yn gyfeillion i Iesu, rhaid oedd iddynt ddysgu'r wers sut i garu. Roedd ei garu ef yn golygu ufuddhau iddo. Mae'r un peth yn wir o hyd.

Gollwng gafael

...daethant o hyd i Iesu yn y deml, yn eistedd yng nghanol yr athrawon, yn gwrando arnynt a'u holi;... Pan welodd ei rieni ef, fe'u syfrdanwyd, ac meddai ei fam wrtho, "Fy mhlentyn, pam y gwnaethost hyn inni? Dyma dy dad a minnau yn llawn pryder wedi bod yn chwilio amdanat." Meddai ef wrthynt, "Pam y buoch yn chwilio amdanaf? Onid oeddech yn gwybod mai yn nhŷ fy Nhad y mae'n rhaid i mi fod?" Ond ni ddeallasant hwy y peth a ddywedodd wrthynt. Yna aeth ef i lawr yn ôl gyda hwy i Nasareth, a bu'n ufudd iddynt. Cadwodd ei fam y cyfan yn ddiogel yn ei chalon.

LUC 2:46, 48-51

Mae'r stori hon, fel Iesu ei hun, yn unigryw ond mae'n dangos Iesu yn ymateb fel y dylai un yn ei arddegau cynnar. Mae'r dulliau o fagu plant yn newid, ond ymhob diwylliant bron rhaid i fechgyn neu ferched lacio gafael ar eu rhieni. Gall tadau a mamau deimlo'n ofidus, hyd yn oed wedi eu brifo, ond mae'n rhan naturiol a chywir o dyfu yn annibynnol. Cafodd Mair a Joseff eu brifo gan Iesu hyd yn oed pan achosodd ei annibyniaeth gamddealltwriaeth deuluol. Mae Luc yn ein hatgoffa i Iesu ddangos ei hunaniaeth o fewn cylch ufudd-dod cariadus i'w rieni. Nid pawb o'r ifanc sy'n gwneud hyn!

Tyfa i fyny!

Daeth gair yr Arglwydd ataf a dweud, "Cyn i mi dy lunio yn y groth, fe'th adnabûm; a chyn dy eni, fe'th gysegrais; rhoddais di'n broffwyd i'r cenhedloedd." Dywedais innau, "O Arglwydd Dduw, ni wn pa fodd i lefaru, oherwydd bachgen wyf fi." Ond dywedodd yr Arglwydd wrthyf, "Paid â dweud, 'Bachgen wyf fi'; oherwydd fe ei at bawb yr anfonaf di atynt, a llefaru pob peth a orchmynnaf i ti. Paid ag ofni o'u hachos, oherwydd yr wyf fi gyda thi i'th waredu," medd yr Arglwydd.

JEREMEIA 1:4-8

Fe ymddengys pobl ifanc fel pe baent yn orhyderus. Fe fydd pobl hŷn yn edrych yn amheus o'u gweld yn taclo goruchwylion na feiddient hwy eu gwneud. Ond o dan y gaenen yma o sicrwydd, mae llawer yn ofnus a phryderus oherwydd yr hyn a ddisgwylir ganddynt - boed mewn arholiadau ysgol, arholiadau terfynol prifysgol neu ym myd ansicr gwaith. Tebyg bod Jeremeia yn ei arddegau hwyr pan gafodd alwad gan Dduw. Fe wynebai fywyd o waith oedd yn gofyn ymdrech a menter. Meddylir weithiau amdano fel pesimist diflas. Nid yw hyn yn gywir - roedd yn ddyn onest ac anhygoel o ddewr. Roedd yn sensitif dros ben, a'i rôl yn ystod yr adeg honno yn hanes Israel yn un boenus ac anodd. Ochr yn ochr â galwad Duw i waith anodd roedd addewid Duw i fod gydag ef hefyd ac i'w ddiogelu.

Trosglwyddo'r awenau

Felly ymnertha di, fy mab, yn y gras sydd yng Nghrist Iesu. Cymer y geiriau a glywaist gennyf fi yng nghwmni tystion lawer, a throsglwydda hwy i ofal dynion ffyddlon a fydd yn abl i hyfforddi eraill hefyd.

2 TIMOTHEUS 2:1-2

Hyd y gwyddom ni nid oedd gan Paul blant, ond fe'i hystyriai ei hun yn dad ysbrydol i Timotheus. Ef a fu'n gyfrifol am ei feithrin yn y bywyd Cristnogol ac am ei gynnydd ynddo. Roedd Timotheus ei hun yn awr yn arweinydd eglwysig. Cafodd Timotheus ei addysg athrawiaethol gan Paul a ddysgodd hefyd iddo y ffordd i ymddwyn. Tro Timotheus oedd hi'n awr i ddysgu i'r genhedlaeth nesaf yr hyn a gafodd ef, gan drosglwyddo'r baton fel mewn ras gyfnewid. Anogodd Paul Timotheus i beidio â gadael i neb ei ddirmygu am ei fod yn ifanc. Heddiw yr oedrannus sy'n cael eu dirmygu. Rhaid cael cysylltiad hoffus rhwng y cenedlaethau. Mae'n dyngedfennol bod Cristnogion hen ac ifanc yn ddigon agos at ei gilydd i fedru rhannu gwybodaeth a phrofiad, fel y bo gwerthoedd Cristnogol yn cael eu trosglwyddo i'r genhedlaeth nesaf.

Bywyd wedi ei gyflawni

Yn awr yr wyt yn gollwng dy was yn rhydd, O Arglwydd, mewn tangnefedd yn unol â'th air; oherwydd y mae fy llygaid wedi gweld dy iachawdwriaeth, a ddarperaist yng ngŵydd yr holl bobloedd: goleuni i fod yn ddatguddiad i'r Cenhedloedd ac yn ogoniant i'th bobl Israel.

LUC 2:29-32

Mae llawer o bobl yn gwybod y geiriau hyn o'r *Nunc Dimittis* a genir yn yr Eglwys. Geiriau hen ŵr, Simeon, ydynt; roedd ef fel Anna yn disgwyl yn awchus am y brenin oedd i ddod, y brenin o ddewis Duw, y Meseia. Roedd wedi derbyn yr argyhoeddiad mewnol y byddai'n gweld y Meseia hwn cyn ei farw. Y diwrnod hwnnw fe aeth i'r Deml o dan arweiniad yr Ysbryd, ar yr union adeg yr oedd Mair a Joseff yn cyrraedd gyda Iesu. Fe adnabu Simeon y baban ar unwaith fel y Gwaredwr oedd i ddyfod. Cymerodd Iesu yn ei freichiau a chlodfori Duw am gael y cip hwn ar yr iachawdwriaeth oedd i ddod. Roedd ganddo eiriau dwys i'w dweud wrth Mair am y tristwch yn ogystal â'r llawenydd oedd o'i blaen. Ond roedd ei fywyd ef yn gyflawn. Roedd yn barod i farw. Hyfryd yw gweld bwriadau Duw wedi eu cyflawni yn mywyd rhywun. Maent yn barod i farw mewn heddwch.

Cynhaeaf trychinebus

Yr oedd Eli'n naw deg ac wyth oed, a'i lygaid wedi pylu fel na fedrai weld. Yna gofynnodd..., "Beth yw'r newydd, fy machgen?" Atebodd y cennad, "Ffodd Israel o flaen y Philistiaid...; y mae dy ddau fab, Hoffni a Phinees wedi marw, ac arch Duw wedi ei chymryd." Pan soniodd am arch Duw, syrthiodd Eli wysg ei gefn oddi ar sedd gerllaw'r porth, a thorri ei wddf a marw, oherwydd yr oedd yn hen ac yn ddyn trwm.

1 SAMUEL 4:15-18

Gwasanaethu Duw wrth yr allor yn Seilo oedd gorchwyl Eli. Gofalai am arch y cyfamod, sef y symbol o bresenoldeb Duw. Ond ar waethaf rhybuddion Duw methodd â rhwystro'i feibion rhag halogi'r allor â'u blys a'u chwant. Aeth y ddau i ryfel gan gymryd yr arch gyda hwy fel ernes o lwyddiant i Israel. Disgwyliai Eli am newyddion o'r frwydr. O'r rhestr o drychinebau clywed am golli'r arch a fu'n gyfrifol am ei farwolaeth. Roedd bywyd Eli fel pe bai wedi dod i ben mewn chwerwder a methiant. Ond roedd yna beth daioni i'w gynaeafu. Fe fu Eli'n gofalu'n ddoeth am y bychan Samuel. Fe fyddai ef un diwrnod yn arweinydd ac yn broffwyd mawr yn Israel.

Edrych i'r tymor hir

Am hynny, nid ydym yn digalonni. Er ein bod o ran y dyn allanol yn dadfeilio, o ran y dyn mewnol fe'n hadnewyddir ddydd ar ôl dydd. Oherwydd y baich ysgafn o orthrymder sydd arnom yn awr, darparu y mae, tu hwnt i bob mesur, bwysau tragwyddol o ogoniant i ni, dim ond i ni gadw'n golwg, nid ar y pethau a welir, ond ar y pethau na welir. Dros amser y mae'r pethau a welir, ond y mae'r pethau na welir yn dragwyddol.

2 CORINTHIAID 4:16-18

Dyma un o'r sylwadau mwyaf calonogol ar henaint y gwn i amdano! Mae'n wir bod Paul yn cydnabod bod aelodau'r corff yn mynd yn anystwyth, y llygaid yn pylu - mae cyrff yn heneiddio. Ond yn fewnol gall person fod yn dragwyddol ifanc a chryf. Mae perthynas iawn â Duw yn cryfhau ac adfywio'r ysbryd o ddydd i ddydd. Yn fuan ar ôl marw, fe fydd yr ysbryd hwn yn cartrefu mewn corff atgyfodedig. Beth am drafferthion heddiw? O gofio'r hyn sydd gan Dduw ar ein cyfer, 'baich ysgafn o orthrymder yw' yn ôl Paul. Pan feddyliwn yn nhermau'r byd hwn yn unig, mae henaint a marw yn enbyd o drist. Roedd Paul yn ysgrifennu yng ngoleuni'r bywyd tragwyddol. Pan fo'n llygaid wedi'u sefydlu ar yr hyn na wêl y llygad naturiol, fe dywynna gobaith yn ddisglair.

Atgofion wedi eu cofnodi

Y noson honno yr oedd y brenin yn methu cysgu, a gorchmynnodd iddynt ddod â llyfr y cofiadur, sef y cronicl, ac fe'i darllenwyd iddo. Ynddo y cofnodwyd yr hyn a ddywedodd Mordecai am... [d]dau eunuch y brenin... oedd wedi cynllwyn i ymosod ar y brenin.

ESTHER 6:1-2

Daw'r pwt hwn o ddyfyniad mewn man tyngedfennol yn y plot cyffrous a chlòs a geir yn llyfr Esther. Cafodd cof brenin Persia ei brocio gan gofnodion y llys - a dechreuwyd datrys y plot. Hyd yn hyn, roedd dylanwad Haman, ei brif weinidog, yn drwm ar Ahasferus. Dyn diegwyddor yn casáu'r Iddewon oedd Haman. Ond cafodd y brenin ei atgoffa o un ffyddlon a fu'n gweithio yn y llys, dyn o'r enw Mordecai a achubodd ei fywyd unwaith, ond na chafodd wobr am hynny. Mordecai yw'r union ddyn y mae Haman am ei ladd, ynghyd â'i gyd-Iddewon sy'n gaethion yn Persia. Roedd Esther yn un o'r Iddewon hyn, cyfnither amddifad a fabwysiadwyd gan Mordecai. Fe enillodd Esther gystadleuaeth pwy-yw'r-berta i ddod yn frenhines. Fe fyddai'n drueni datgelu'r plot i gyd ar gyfer y rhai a fyddai'n hoffi darllen y llyfr eu hunain. Ni sonnir am enw Duw yn llyfr Esther, ond fe welir ôl ei law yn amlwg ar y jig-so o ddigwyddiadau. Hyd yn oed wrth gofio amgylchiadau'r gorffennol.

Paid ag anghofio?

Gwyddost yr hyn a wnaeth Joab...i ddau gadfridog Israel; fe'u lladdodd, a thywallt gwaed rhyfel ar adeg heddwch... Am hynny gwna yn ôl dy ddoethineb; paid â gadael i'w benwynni ddisgyn i'r bedd mewn heddwch. Ond bydd yn deg wrth feibion Barsilai o Gilead; gad iddynt fod ymysg y rhai a fydd yn bwyta wrth dy fwrdd, oherwydd daethant ataf pan oeddwn yn ffoi rhag dy frawd Absalom.

1 BRENHINOEDD 2:5-7

'Anghofia i byth', meddai rhywun weithiau, ond ni wyddom a ydynt yn mynd i sôn am ryw garedigrwydd arbennig, neu dro sâl na fedrant ei faddau. Wrth farw cyflwynodd Dafydd ei atgofion i'w fab Solomon - rhai digon cymysg. Roedd yn beth da iddo gofio ffyddlondeb a chefnogaeth teulu Barsilai a'i ddymuniad oedd bod Solomon yn parhau i'w gwobrwyo. Ond tipyn o dân ar groen yw clywed y brenin hael hwn yn gofyn i'w fab ladd Joab - yn bendant fe ddylai hwnnw fod wedi ei gosbi ar y pryd. Am ba hyd y mae troseddau i'w cosbi gan y genhedlaeth nesaf? A ddylid cosbi troseddwyr rhyfel ar ôl hanner can mlynedd? A ddylai gwledydd ymddiheuro a gwneud iawn am droseddau a gyflawnwyd ymhell yn ôl?

Atgofion melys!

Byddaf yn diolch i'm Duw bob tro y byddaf yn cofio amdanoch, a phob amser ym mhob un o'm gweddïau dros bob un ohonoch, yr wyf yn gweddïo gyda llawenydd.

PHILIPIAID 1:3-4

'Ydych chi'n cofio'r adeg.....?' Mae'n dda chwerthin - neu grio - gyda'n gilydd wrth drin atgofion. Mae edrych yn ôl ar ddigwyddiadau sy'n gyffredin i ni yn rhoi hapusrwydd ac ein clymu wrth deulu a chyfeillion. Pan ysgrifenna Paul o garchar at y Cristnogion yn Philipi, mae'n diolch o galon i Dduw am atgofion. Nid oedd pob profiad yn bleserus yr adeg honno. Fe ddarllenwn am ymweliad Paul â Philipi yn Actau 16. Roedd un o'r cyfeillion yr ysgrifennai ato yn awr wedi bod yn geidwad y carchar tywyll, drewllyd, lle'r oedd Paul. Un arall oedd gwraig fusnes, yr oedd Paul wedi cwrdd â hi pan oedd hi a'i chyfeillesau yn cwrdd i weddïo. Bu'r drydedd yn ymhél â dewiniaeth ac yn gaethferch. Grŵp o bobl gymysg iawn oedd wedi dod yn gyfeillion mynwesol oherwydd eu cysylltiad â Iesu. Roedd Cristnogion Philipi yn gyfeillion hollol ymarferol hefyd. Dro ar ôl tro roeddent wedi anfon arian i Paul i'w helpu gyda'i anghenion cenhadol. Nid oedd hi'n rhyfedd yn y byd iddo gofleidio'r atgofion hyn yng nghell ei garchar, gan ddiolch i Dduw am y cyfeillion hyn gyda llawenydd didwyll.

Fy nerbyn fy hun

Yna daeth ato'i hun a dweud, 'Faint o weision cyflog sydd gan fy nhad, a phob un ohonynt yn cael mwy na digon o fara, a minnau yma ym marw o newyn? Fe godaf, ac fe af at fy nhad a dweud wrtho, "Fy nhad, pechais yn erbyn y nef ac yn dy erbyn di."

LUC 15:17-18

Fe ddywedodd Iesu'r stori am ddau fab oedd yn annwyl gan eu tad cyfoethog. Gofynnodd yr ieuengaf am ei ran o'r ffortiwn deuluol, a ffwrdd ag ef gan wario'i arian yn wirion. Wedi i'r arian, yn ogystal â'r rhai a'u galwai eu hunain yn ffrindiau iddo, ddiflannu wynebodd ddyddiau caled. Fe'i cafodd ei hun yn bwydo moch mewn gwlad bell lle'r oedd newyn yn ei anterth. Yn unig ac yn llawn cywilydd, mae'n bwyta bwyd moch gan mor llwglyd yw.

Wrth feddwl am ei sefyllfa 'daeth ato'i hun'. Mae'n cymharu ei sefyllfa drist â sefyllfa hyd yn oed un o weision achlysurol ei dad. Y cyfan sy'n sefyll rhyngddo ef a'i gartref a digonedd yw'r angen i wynebu'i hunanoldeb a'i fethiant, mynd adref, a gofyn i'w dad am faddeuant.

Gall bod yn realistig ynglŷn â ni'n hunain, a derbyn ein ffaeleddau a'n methiannau fod yn boenus. Ond mae'n gam angenrheidiol. Mae'r rhai sy'n helpu pobl sy'n gaeth i wahanol gyffuriau yn tystio na fedrant helpu neb ond y rhai sy'n cydnabod eu hangen. Mae'r un peth yn wir yn ein hymwneud ni â Duw. Rhaid derbyn na fedrwn ein gwella'n hunain. Pan ddywedwn, 'Fe ddes i ben fy nhennyn, fedra i ddim f'achub fy hun', mae Duw yn rhydd i ddechrau gweithio ar ein bywydau.

Croesawu eraill

Am hynny, derbyniwch eich gilydd, fel y derbyniodd Crist chwi, er gogoniant Duw.

RHUFEINIAID 15:7

O gyrraedd tŷ ffrind neu berthynas yn ddiarwybod disgwyliwn braidd yn betrusgar gan feddwl sut groeso a gawn ni. Ambell dro, wedi agor y drws, fe fydd y perchennog yn ein hannog i mewn a'i osgo'n groeso i gyd. Ond os prin yr agorir y drws, a ninnau'n dal i aros ar garreg y drws tu allan, gwyddom nad yw'r croeso'n frwd, ac awn ymaith yn ddiymdroi.

Fe agorodd Duw y drws yn llydan i'n croesawu, ond yn aml ni ddangoswn ni fawr o groeso i'n gilydd. Nid yn y mater o groesawu pobl i'n cartrefi, ond yn ein hagwedd atynt. Rydym yn eu beirniadu, yn eu cymharu'n anffafriol ag eraill, ac yn methu â deall nad ydynt yn ymddwyn yn y ffordd y meddyliwn ni y dylent.

Nid yw Duw yn cynhyrchu lluoedd o bobl sydd yr un fath. Fe'n gwnaeth ni i gyd yn odidog wahanol. Cytunwn â rhai pobl yn well nag eraill, ond mae croesawu pobl yn llawer gwell na'r agwedd 'Na, Na' tuag atynt. Mae hyn mor bwysig. Fel y dywedodd Paul, gan fod Crist wedi ein derbyn ni - yn ein gwendidau i gyd - yna fe ddylem ni fod yn barod i agor ein calonnau i eraill.

Mae Duw'n fy nerbyn - 'oll fel yr wyf'

Yna cododd a mynd at ei dad. A phan oedd eto ymhell i ffwrdd, gwelodd ei dad ef. Tosturiodd wrtho, rhedodd ato, a rhoes ei freichiau am ei wddf a'i gusanu. Ac meddai wrtho, "Fy nhad, pechais yn erbyn y nef ac yn dy erbyn di...." Ond meddai ei dad wrth ei weision, "Brysiwch! Dewch â gwisg allan, yr orau, a'i gosod amdano. Rhowch fodrwy ar ei fys a sandalau ar ei draed. Dewch â'r llo sydd wedi ei besgi, a lladdwch ef. Gadewch i ni wledda a llawenhau."

LUC 15: 20-23

Sut y byddai'r mwyafrif o dadau yn ymateb i fab a syrthiodd mor isel wrth ei weld yn llusgo adref, yn druenus ei fyd ac arian y teulu wedi'i wario? Fyddai yna dawelwch annifyr? Gorchymyn i ymddiheuro am ymddygiad gwarthus? Caniatâd i aros gartref am gyfnod i weld sut y byddai'n bihafio? Mor wahanol y tad yn nameg Iesu! Roedd Iesu am i'w wrandawyr ddeall sut yr oedd Duw yn eu caru, ac mor barod oedd i'w derbyn - yn union fel yr oeddent. Mae'n swnio'n rhy dda i fod yn wir. Cymerodd oes gyfan i mi sylweddoli bod Duw yn fy ngharu mor ddiamodol, mor afieithus ac mor hael.

Yr isel yn dilyn yr uchel

Gadawodd ei was yno, ac aeth ef yn ei flaen daith diwrnod i'r anialwch. Pan oedd yn cymryd seibiant dan ryw ferywen, deisyfodd ei galon am gael marw, a dywedodd, "Dyma ddigon bellach, O Arglwydd; cymer f'einioes, oherwydd nid wyf fi ddim gwell na'm tadau."

1 BRENHINOEDD 19:4

Fe fu Elias yn dyst o Dduw yn gweithio mewn ffordd gyffrous a gwefreiddiol. Rhoddodd sialens i broffwydi'r duw Baal i gystadleuaeth gyhoeddus drwy dân. Roedd Baal yn ddiymadferth, ac achubodd Duw ei gam ei hun o flaen pobl Israel a phroffwydi'r pagan, Jesebel. Yna ar ôl y fuddugoliaeth, fe redodd Elias yn fuddugoliaethus o flaen cerbyd y brenin drwy genllif o law. Ond roedd Jesebel yn barod i ddial. Bygythiodd ladd Elias, felly fe ddihangodd ef i'r anialwch, yn flin ac isel ei ysbryd. Deallodd Duw ei fod yn dioddef argyfwng corfforol ac emosiynol. Roedd angen gorffwys a bwyd maethlon arno. Daeth angel - negesydd Duw - â dau bryd o fwyd iddo. Rhwng y prydau bu'n cysgu'n drwm. Ar ôl hynny roedd Elias y barod eto i gyfarfyddiad personol â Duw.

Meddwl yn negyddol

Pan welodd Iesu ef yn gorwedd yno, a deall ei fod fel hyn ers amser maith, dywedodd wrtho, "A wyt ti'n dymuno cael dy wella?" Atebodd y claf ef, "Syr, nid oes gennyf neb i'm gosod yn y pwll..."

IOAN 5:6-7

Byddai tyrfa o gleifion yn arfer ymgynnull o dan golofnau yn Jerwsalem lle'r oedd pwll o ddŵr y credid bod ynddo rinweddau iachâu. Fel y cerddai heibio, mae'n siwr bod Iesu yn ymwybodol o'r iselder a'r tonnau o anobaith a ddeuai o gyfeiriad y cleifion trwblus hyn. Ond tynnwyd ei sylw gan un oedd wedi bod yn dioddef am bron i ddeugain mlynedd, ac yn disgwyl am iachâd. Ni chymerodd Iesu yn ganiataol y gallai fod yn barod i ymuno ym mhrysurdeb bywyd oddi allan. Mae sefyllfaoedd digalon, digyfnewid dros gyfnod o flynyddoedd, yn arwain i ffordd negyddol o feddwl. Fe all person ofni'r newid a'r hyn a olyga ar ôl bod wedi'i alltudio cyhyd o fywyd normal. Os oedd i ddod yn ôl i fyw yn naturiol, roedd yn rhaid iddo dorri ar gylch ei anobaith a'i ddull o feddwl negyddol, a dechrau o'r newydd. Cyn ei iacháu fe rydd Iesu her iddo: a oedd yn dymuno cael ei wella ac wynebu bywyd yn gadarnhaol.

Cyfeillion i'r adwy

Hyd yn oed pan ddaethom i Facedonia, ni chawsom ddim llonydd yn ein gwendid; yn hytrach cawsom ein gorthrymu ymhob ffordd - cwerylon oddi allan ac ofnau oddi mewn. Ond y mae Duw, yr un sydd yn diddanu'r digalon, wedi ein diddanu ninnau trwy ddyfodiad Titus; ac nid yn unig trwy ei ddyfodiad ef, ond hefyd trwy'r diddanwch a gafodd ef ynoch chwi.

2 CORINTHIAID 7:5-7

Blinid hyd yn oed yr apostol Paul gan anobaith ac iselder. Cyrhaeddodd Facedonia yn sâl gan ofid oherwydd y problemau a'r camddeall a ddigwyddodd rhyngddo ef a'r Cristnogion yng Nghorinth. Felly dyma anfon ei gyfaill a'i gydweithiwr Titus i weld sut yr oedd pethau. Roedd pobl yn eglwys Corinth - eglwys a sefydlodd Paul ei hun - yn ei drin yn annheg, felly roedd ei bryder yn fawr. Dyna ryddhad iddo pan ddaeth Titus yn ôl â newyddion da! Roedd Paul yn falch o gael Titus yn ôl a chalongwyd ef gan ei newyddion. Roedd pethau'n well yng Nghorith. Roedd yn wir ddrwg gan ei gyfeillion yno eu bod wedi achosi gofid iddo. Fe fu anogaeth Titus o gymorth mawr i leddfu poen a thristwch Paul. Mae'r ffordd yr ymatebwn i sefyllfa yn siwr o gael dylanwad ar eraill, er gwell neu er gwaeth.

Mwynhewch!

...y mae'n dda a gweddus i ddyn fwyta ac yfed, a chael mwynhad o'r holl lafur a gyflawna dan yr haul yn ystod dyddiau ei fywyd, a roddwyd iddo gan Dduw; dyna yw ei dynged. Yn wir y mae pob dyn, y rhoddodd Duw iddo gyfoeth a meddiannau a'r gallu i'w mwynhau, i dderbyn ei dynged, a bod yn llawen yn ei lafur; rhodd Duw yw hyn. Yn wir ni fydd yn meddwl yn ormodol am ddyddiau ei fywyd, gan fod Duw yn ei gadw'n brysur â llawenydd yn ei galon.

PREGETHWR 5:18-20

Roedd yr athronydd a ysgrifennodd y llyfr rhyfedd hwn yn gweld hapusrwydd mewn mwynhau yr hyn sydd gennych, yn hytrach na hiraethu am yr hyn na fedrwch ei gael. Mae'n edrych ar gyraeddiadau person fel cymysgedd o rodd Duw a'i ymdrechion ef ei hun. Mor rhwydd edrych ar yr hyn sydd gan eraill, a bod yn ddibris o'r hyn a wnawn ni o'n hadnoddau prin ein hunain. Hapusrwydd yw bod yn ddiolchgar i Dduw a mwynhau yr hyn *sydd* gennym. Cydymdeimlodd rhywun â chymydog a ddywedodd nad oedd ei chadeiriau yn gweddu i'w charped Chineaidd. Wedyn meddyliodd a oedd hi mor ddrwg â hynny arni. Roedd ganddi hi ddigon o bethau i'w mwynhau ac i fod yn ddiolchgar amdanynt; ffrwyth gwaith caled - a rhoddion Duw.

Mae'r borfa bob amser yn lasach...

A phan welodd brenhines Seba holl ddoethineb Solomon, a'r tŷ a adeiladodd, ac arlwy ei fwrdd, gwasanaeth ei weision a'i drulliaid yn eu lifrai... diffygiodd ei hysbryd. Addefodd wrth y brenin, "...Y mae dy ddoethineb a'th gyfoeth yn rhagori ar yr hyn a glywais. Gwyn fyd dy wŷr, y gweision hyn sy'n gweini'n feunyddiol arnat..."

1 BRENHINOEDD 10:4-8

Teithiodd brenhines Seba a'i mintai o'r wlad a elwir heddiw yn

Yemen, i fasnachu, mwy na thebyg, gyda Solomon enwog. Hwyrach bod gorddweud yn ei geiriau, ond mae'r hanes yn dangos i gyfoeth llys Solomon, ei gyfrwyster gwleidyddol a'i ddoethineb ei syfrdanu hi. Mae'n rhaid bod gosgordd y brenin tu hwnt o hapus. Ond pa mor hapus oedd ei *holl* wragedd - heb sôn am ei ordderchwragedd? Nid oeddent hwy ond tegannau yng ngêm wleidyddol Solomon, wedi eu tyngedu i'w harîm am eu hoes. Mae'n rhwydd edrych ar eraill a meddwl eu bod yn gwbl hapus. Ond mae ganddynt hwy eu pryderon cudd na ŵyr y rhai y tu allan amdanynt. Ni fedrwn farnu bob amser oddi wrth olwg.

Hapusrwydd yn y galon

Ateb fi pan alwaf, O Dduw fy nghyfiawnder! Pan oeddwn mewn cyfyngder gwaredaist fi; bydd drugarog wrthyf, a gwrando fy ngweddi... Y mae llawer yn dweud, "Pwy a ddengys i ni ddaioni?"... Rhoddaist fwy o lawenydd yn fy nghalon na'r eiddo hwy pan oedd llawer o ŷd a gwin.

SALM 4:1, 6-7

Efallai i'r Salm hon gael ei hysgrifennu gan Ddafydd pan gafodd ei alltudio o'r orsedd gan ei fab Absalom. Roedd ei ffrindiau ac aelodau eraill o'i lys yn brudd iawn, iawn. Roeddent hwy'n hiraethu am y gorffennol euraid, pan oedd bywyd yn esmwyth a diogel. Ond fe brofodd Dafydd hapusrwydd mewnol cyfoethocach na'r hapusrwydd a rydd pethau materol a diogelwch personol. Roedd ganddo'r fath brofiad o bresenoldeb Duw gydag ef, a gofal Duw drosto fel y medrai fod heb y cysuron yr ydym ni'n dyheu amdanynt. Ar waethaf ansicrwydd y dyfodol a chaledi'r presennol, fe edrychai'n ffyddiog at Dduw - â chalon lawen - oherwydd fe wyddai o brofiad y gallai ymddiried yn llwyr ynddo.

Chwerthin o lawenydd

Pan adferodd yr Arglwydd lwyddiant Seion, yr oeddem fel rhai wedi cael iachâd; yr oedd ein genau yn llawn chwerthin a'n tafodau yn bloeddio canu... Yn wir, gwnaeth yr Arglwydd bethau mawr i ni, a bu i ni lawenhau.

SALM 126:1-3

Pan fyddwn yng nghwmni rhywrai y byddwn yn eu hoffi fe fyddwn yn chwerthin llawer. Yn aml, o sylweddoli'r amgylchiadau, ni fydd yna ddim digri i chwerthin amdano. Ond mewn cwmni fe fydd chwerthin yn tarddu o lawenydd - y llawenydd a'r bodlonrwydd o fod gyda'n gilydd.

Fe fu pobl Israel mewn caethglud am genhedlaeth. Yn awr, fel yr addawodd Duw, rhoddodd Cyrus, yr ymerawdwr, ryddid iddynt fynd yn ôl i'w gwlad eu hunain. Ychydig a lusgodd yn ôl a dechrau ar y gwaith o ailgodi Jerwsalem, ond dychmyga'r bardd amdanynt yn byrlymu o lawenydd a diolchgarwch, wrth fynd ar y daith hir, yn canu a chwerthin wrth feddwl am waredigaeth Duw. Fe gofia'r bardd am yr adeg honno, a hiraetha am i Dduw goroni pob blwyddyn yr un fath. Pa un bynnag ai yn y caeau ai yn y dinasoedd, roedd llawer o waith caled i'w wneud. Gweddïa y byddai llawenhau a chwerthin yn canlyn fel y byddent yn medi cynhaeaf wedi'u bodloni.

Dagrau yn iacháu

Yna rhoes ei freichiau am wddf ei frawd Benjamin ac wylo; ac wylodd Benjamin ar ei ysgwydd yntau. Cusanodd ei frodyr i gyd, gan wylo. Wedyn cafodd ei frodyr sgwrs ag ef.

GENESIS 45:14-15

Stori Joseff yw un o'r rhai mwyaf gwefreiddiol yn yr Hen Destament - mae'n werth ei darllen yn llawn. Daw'r adnodau ym mhenllanw'r hanes.

Flynyddoedd ynghynt, roedd brodyr Joseff, a hwythau'n cael eu bwyta gan genfigen, wedi ei werthu i fasnachwyr i fod yn gaethwas yn yr Aifft. Ond fel y pwysleisia'r hanesydd o hyd - roedd Duw gyda Joseff. Ar ôl llawer o drafferthion ac aml i siom, fe ddaeth yn swyddog pwysig i Pharo, a chyda'i drefnu deheuig achubodd yr Aifft o effeithiau gwaethaf y newyn oedd ar led. Ymhen y rhawg daeth brodyr Joseff i brynu ŷd, ac wynebwyd hwy gan un a oedd i bob golwg yn ddieithryn - cryf a bygythiol. Ar ôl eu profi'n llym, fe ddywedodd Joseff pwy ydoedd. Fe gawsant fraw arswydus. Llifodd cywilydd, euogrwydd, ofn ac edifeirwch drostynt. Fe anghofiodd Joseff bob chwerwder a dicter fel y cofleidiai Benjamin, ei frawd bach. Yna mewn cariad a maddeuant cusanodd y brodyr eraill hefyd. Pa ryfedd iddynt i gyd wylo! Dim ond dagrau a fedr fynegi - a glanhau - emosiynau mor gymysg a chryf. Ar ôl hyn roeddent yn rhydd i siarad.

Rhannu chwerthin a chrïo

Llawenhewch gyda'r rhai sy'n llawenhau, ac wylwch gyda'r rhai sy'n wylo.

RHUFEINIAID 12:15

Fe ddysgodd rhai ohonom beidio â siarad gormod wrth ymweld â rhai mewn helbul. Mae'n fwy o gysur i rai sy'n galaru, yn dioddef afiechyd difrifol neu'n wynebu rhyw newid i wybod ein bod yn rhannu'u gofid.

Dyma gyfieithiad J.B.Phillips o'r adnod: 'Share the happiness of those who are happy and the sadness of those who are sad.' Gall rhannu olygu wylo, ac hwyrach mai drwy ddagrau y dangoswn ein cydymdeimlad orau.

Yn rhyfedd iawn mae'n fwy anodd cael rhywun i rannu llawenydd na thristwch.Dywedodd rhywun, un tro, wrth ferch oedd wedi dyweddïo: 'Fe ddywedir wrthon ni am lawenhau gyda'r rhai sy'n llawen, felly mae'n debyg y dylwn i ddweud bod yn dda gen i glywed' - neu eiriau crintachlyd fel yna. Heb yn wybod i ni gall teimladau o ddig neu genfigen ein rhwystro rhag bod yn *gwbl* lawen gyda'r rhai a gafodd lwyddiant neu ffawd dda. Ni ddaw chwerthin hapus na dagrau o lawenydd oherwydd rhywun arall mor rhwydd â hynny. Rhaid gwneud cymaint o ymdrech i fod yn hapus gyda'r rhai sy'n llawenhau ag i rannu tristwch eraill.

Tynnu torch

Y mae'r ewyllys i wneud daioni gennyf; y peth nad yw gennyf yw'r gweithredu. Yr wyf yn cyflawni nid y daioni yr wyf yn ei ewyllysio, ond yr union ddrygioni sydd yn groes i'm hewyllys... Pwy a'm gwared i o'r corff hwn a'i farwolaeth? Duw, diolch iddo, trwy Iesu Grist ein Harglwydd.

RHUFEINIAID 7:18-19, 24-25

Teimlai Paul fod ei feddwl a'i ewyllys mewn brwydr barhaus. Roedd y drwg a'r da yn ei dynnu i ddau gyfeiriad gwahanol. Gwyddai'n iawn pa un a ddylai ennill - onid oedd o blaid y da? Ond ar waethaf hyn, fe wyddai am y teimlad o gael ei dynnu at ddrygioni. Nid oedd ganddo mo'r help! Fe fedr y mwyafrif ohonom gydymdeimlo ag ef. Mor aml mae gennym ni fwriadau da, *o ddifri* am fod yn amyneddgar a hunanfeddiannol. Ond *nid* ein dyheadau da sy'n ennill! Âi Paul, fel ninnau, yn isel ei ysbryd wrth fethu yn y frwydr i fod yn dda. Roedd fel mynd ar y goriwared yr holl ffordd. Ond mae'n atgoffa ei ddarllenwyr a ninnau *bod* yna Un cryfach a ddaw i'r adwy. Fe all Duw ein tynnu i'r cyfeiriad cywir, a'n glanio ar ochr daioni.

Ffrwyth pwdr

Edrychodd yr Arglwydd o'r nefoedd ar blant dynion, i weld a oes rhywun yn gwneud yn ddoeth ac yn ceisio Duw. Ond y mae pawb ar gyfeiliorn, ac mor llygredig â'i gilydd; ac nid oes un a wna ddaioni, nac oes, dim un.

SALM 14:2-3

O dro i dro fe glywir am anfadwaith sy'n rhoi sioc i'n gwlad neu hyd yn oed i'r byd. Sut y medrwn ni esbonio sut y medr un person gyflawni'r fath greulondeb yn erbyn eraill. Un ddamcaniaeth yw bod yna bobl sy'n cael eu geni'n gythreulig. Nid ydynt hwy'n nodweddiadol o'r hil ddynol, ond maent yn rhai gwirioneddol ddrwg ac fe ddylent gael eu cloi am byth. O edrych felly mae'r gweddill ohonom yn eithaf diniwed - damcaniaeth gysurlon sy'n ein rhyddhau o gyfrifoldeb.

Barn arall a geir yn y Beibl. Mae darlun y salmydd o bawb ohonom fel rhai cwbl ddrwg yn un anodd i'w dderbyn. Ond mae'n tynnu sylw at y ffaith bod ym mhawb ohonom y gallu i wneud y drygioni yr ydym mor barod i'w gondemnio yn eraill. Ni fyddai'r mwyafrif ohonom yn lladrata na lladd, ond gwyddom am y dicter a'r awydd, o'i gario i'r pen, a fyddai'n ein gwneud ninnau droseddwyr hefyd. Mae hadau pechod - a'i ffrwyth weithiau - ym mhawb ohonom.

Gwrthsefyll y drwg

Dychwelodd Iesu yn llawn o'r Ysbryd Glân, o'r Iorddonen, ac arweiniwyd ef gan yr Ysbryd yn yr anialwch am ddeugain niwrnod, a'r diafol yn ei demtio. Ni fwytaodd ddim yn ystod y dyddiau hynny, ac ar eu diwedd daeth arno eisiau bwyd. Meddai'r diafol wrtho, "Os Mab Duw wyt ti, dywed wrth y garreg hon am droi'n fara." Atebodd Iesu ef, "Y mae'n ysgrifenedig: 'Nid ar fara yn unig y bydd dyn fyw.'"

LUC 4:1-4

Ystyr y gair 'Grawys' ar y dechrau oedd gwanwyn, ond bellach ei ystyr i lawer yw tymor diflas pan fo'n rhaid iddynt fynd heb bethau y maent yn eu hoffi. Yn ystod y deugain niwrnod cyn y Pasg mae'r Eglwys yn cofio amser Iesu yn yr anialwch cyn iddo ddechrau ei fywyd cyhoeddus o bregethu ac iachàu. Mae gwneud heb felysion neu siocled adeg y Grawys yn syrthio'n fyr o'r nod, sef y dylem wneud y pethau a ddaw â ni yn nes at Dduw. Yn ystod y tymor hwn fe fu Iesu yn ymgodymu â sut Feseia yr oedd ef i fod. Fe fu'n frwydr ffyrnig rhwng y da a'r drwg, rhwng y ffordd hawdd o gyflawni ei genhadaeth a ffordd Duw, dioddef a marw.

Cafod Iesu help yr Ysbryd Glân - Ysbryd daionus Duw - yn ogystal â'r Beibl. Ymhob un o'r temtasiynau mae'n dyfynnu adnodau o'r Beibl i'w gynorthwyo i ennill yn erbyn y drwg. Wrth i ni frwydro i ganfod ffordd Duw yng nghyfnod y Grawys, fe allwn ninnau hefyd gael cymorth y Beibl ac Ysbryd Glân Duw.

Amheuaeth resymol?

A dywedodd wrth y wraig, "A yw Duw yn wir wedi dweud, 'Ni chewch fwyta o'r un o goed yr ardd?' Dywedodd y wraig wrth y sarff, "Cawn fwyta o ffrwyth coed yr ardd, ond am ffrwyth y goeden sydd yng nghanol yr ardd dywedodd Duw, 'Peidiwch â bwyta ohono... rhag i chwi farw'" Ond dywedodd y sarff wrth y wraig, "Na! Ni byddwch farw."

GENESIS 3:1-4

Roedd Efa wedi bodloni derbyn gorchmynion Duw - nes i'r sarff ofyn cwestiwn digon diniwed ar yr olwg gyntaf. Roedd Duw wedi eu rhwystro rhag cael ffrwyth un goeden arbennig yn yr ardd, felly nid oedd i feddwl am ei fwyta. Roedd wedi ei osod o'r neilltu gan Dduw ac nid oedd neb i ymyrryd ag ef. Ond llwyddodd y sarff i hau hadau o amheuaeth yn ei meddwl ac felly dyma Efa'n ailfeddwl. Roedd y ffrwyth yn dda ac yn codi chwant bwyd ac o'i fwyta fe fyddai'n cael grym newydd. Wedi i'r sarff fychanu rhybudd difrifol Duw, roedd Efa'n barod i drin y goeden fel pob coeden arall. Mae temtasiwn o hyd yn bychanu gorchmynion clir Duw. Unwaith y dechreuwn drafod a dadlau ynglŷn â phethau y mae Duw yn dweud 'Na' amdanynt, yna fe awn i feddwl mai mater o farn yw bod yn ufudd, ac y medrwn benderfynu drosom ein hunain sut i weithredu.

Rhywun sy'n deall!

Canys nid archoffeiriad heb allu cyd-ddioddef â'n gwendidau sydd gennym, ond un sydd wedi ei brofi ym mhob peth, yn yr un modd â ni, ac eto heb bechod.

HEBREAID 4:15-16

Weithiau ceisiwn egluro i rywun mor anodd yw hi arnom ac mor ddiymadferth ydym ni. Mae'r edrychiad ar eu hwynebau'n dangos yn eglur nad oes ganddynt yr un syniad am beth yr ydym yn sôn. Nid ydynt hwy wedi cael yr un profiad. Mae arnom wir angen rhywun a fedr ddeall y frwydr sydd gennym ar ein dwylo. Yn ddelfrydol byddem yn hoffi help rhywun sydd wedi medru llwyddo i orchfygu temtasiwn lle'r ydym ni wedi methu. Mae'r awdur at yr Hebreaid yn dweud wrthym mai Iesu yw'r person hwn! Daeth ef i'n byd ni, yn gwybod am ein temtasiynau ni. Wynebodd yntau demtasiynau ar hyd ei fywyd, ond ar hyd yr amser llwyddodd ef i'w gorchfygu i gyd. Nid yw'r Iesu yn feirniadol. Fe ddaw i gwrdd â'n hangen, ond i ni gydnabod yr angen hwnnw, â charedigrwydd ac â chymorth nad ydym ni yn eu haeddu.

Creu'r ddelwedd briodol?

Ond meddai Pedr, "Ananias, sut y bu i Satan lenwi dy galon i ddweud celwydd wrth yr Ysbryd Glân, a chadw'n ôl beth o'r tâl am y tir?... Nid wrth ddynion y dywedaist gelwydd, ond wrth Dduw."

ACTAU 5:3-4

Fe fyddai'n well gennym osgoi darllen y stori drist hon. Ym mlynyddoedd cyntaf blodeuog yr eglwys, roedd gan Gristnogion gymaint o ofal am ei gilydd nes yr oedd rhai yn gwerthu eu heiddo a rhannu'r cyfan er mwyn helpu eraill. Yr adeg hon pan ddangosid cymaint o gariad ac ymddiriedaeth, cynllwyniodd Ananias a'i wraig i ddangos eu haelioni ond ar yr un pryd ofalu amdanynt eu hunain. Gwerthasant ddarn o dir, cadw swm o'r elw iddynt eu hunain ond rhoi'r argraff eu bod yn rhoi'r cyfan. Hwyrach y tybiwn ni bod y gosb allan o bob rheswm o'i chymharu â'u pechod. Ond fe gawsant eu dinistrio gan y demtasiwn i ffugio, i edrych yn well nag yr oeddent mewn gwirionedd ac i greu argraff. Yn fwy na hynny maent wedi llwyddo i gymylu a sarnu'r cariad a'r onestrwydd a oedd yn bod cyn hynny. Ni fyddai'r eglwys byth yr un fath eto.

Newid meddwl a newid cyfeiriad!

Yn y dyddiau hynny daeth Ioan Fedyddiwr, gan bregethu'r genadwri hon yn anialwch Jwdea, "Edifarhewch, oherwydd y mae teyrnas nefoedd wedi dod yn agos."

MATHEW 3:1-2

Mae'n siwr bod Ioan yn berson trawiadol ac yn codi dychryn ar bobl. Roedd yn byw bywyd meudwyaidd, yn pregethu am yr angen i edifarhau ac am ddyfodiad Meseia Duw. Tyrrai tyrfaoedd o'r trefi i'r anialwch i wrando arno, a dywedai heb flewyn ar ei dafod wrthynt ym mha ffordd yr oeddent yn cyfeiliorni. Wrth bregethu'r angen am edifeirwch nid dweud wrthynt yr oedd bod angen iddynt deimlo ei bod yn ddrwg ganddynt am y pethau yr oeddent wedi eu gwneud. Roedd yn rhaid iddynt hefyd newid eu ffordd o fyw. Wedi iddynt ofyn sut yr oedd gwneud hynny rhoddai Ioan gyfarwyddiadau pendant iddynt. Roedd y milwyr i beidio â thrin pobl yn dreisgar ac roeddent i fod yn fodlon ar eu cyflog. Nid oedd y casglwyr trethi chwaith i bluo'r bobl, ac roedd pawb i rannu â'r rhai mewn eisiau. Yna fe fyddai Ioan yn bedyddio'r rhai oedd wedi edifarhau, mewn seremoni i ddangos bod newid wedi digwydd. Rhaid oedd cychwyn drwy deimlo ei bod yn ddrwg ganddynt ac wedyn newid ffordd o fyw.

Rhy hwyr i edifarhau?

Na foed yn eich plith... ŵr halogedig, fel Esau, a werthodd am bryd o fwyd ei freintiau fel mab hynaf. Oherwydd fe wyddoch iddo ef, pan ddymunodd wedi hynny etifeddu'r fendith, gael ei wrthod, oherwydd ni chafodd gyfle i edifarhau, er iddo grefu am hynny â dagrau.

HEBREAID 12:16-17

Efeilliaid, meibion Isaac, oedd Esau a Jacob, ond am mai Esau a anwyd gyntaf ef oedd i etifeddu hawliau y cyntafanedig. Roedd hyn yn cynnwys bendith arbennig ei dad yn ogystal ag addewidion Duw i'w daid Abraham. Roedd y rhain i'w hetifeddu o un genhedlaeth i'r llall drwy'r llinach deuluol. Yn onest, nid oedd gan Esau ddim diddordeb. Roedd yn fodlon ar y bywyd braf - hela, merched a bwyd. Ond fe hiraethai Jacob am etifeddu addewid Duw. Felly pan ddychwelodd Esau, ar lwgu, o hela perswadiodd Jacob ef i gyfnewid ei freintiau fel cyntafanedig am gawl ffacbys. Yn ddiweddarach roedd Esau yn chwerw am hyn. Ond er ei siom, nid oedd ganddo eto unrhyw awydd i ddod â Duw i mewn i'w ffordd o fyw. Nid yw'r awdur at yr Hebreaid yn ystyried hyn yn edifeirwch yn ôl safon Duw.

Colli a chael

Ond safodd Sacheus yno, ac meddai wrth yr Arglwydd, "Dyma hanner fy eiddo, syr, yn rhodd i'r tlodion; os mynnais arian oddi ar neb ar gam, fe'i talaf yn ôl bedair gwaith." "Heddiw," meddai Iesu, "daeth iachawdwriaeth i'r tŷ hwn... Daeth Mab y Dyn i geisio ac i achub y colledig."

LUC 19:8-10

Heb amheuaeth roedd Sacheus wedi twyllo llawer o bobl. Roedd yn brif gasglwr trethi ar ran y Rhufeiniaid, yn byw bywyd moethus ar ei enillion anonest, mae'n debyg. Ond penderfynodd geisio gweld Iesu, ac am ei fod yn fyr, rhaid oedd iddo ddringo coeden i gael golwg iawn ar Iesu fel y cerddai ef un o strydoedd coediog Jericho. Pan safodd Iesu wrth y goeden, edrych ar Sacheus a'i wahodd ei hun i'w dŷ roedd yna wrthwynebiad chwyrn oddi wrth y dorf. Gwyddai pawb mai twyllwr oedd Sacheus, un cwbl anaddas i groesawu Iesu. Ni chroniclir yn llawn y sgwrs rhwng y ddau ond newidiwyd bywyd Sacheus yn llwyr. Roedd Iesu'n ei adnabod i waelod ei fod, a gwelodd ef fel un a gollodd ei ffordd mewn bywyd. Mae ei edifeirwch, ei gyffes a'i addewid i ad-dalu y rhai a dwyllodd yn dangos yn glir iddo gael ei achub gan Iesu.

Pobl mewn tai gwydr

...dyma'r ysgrifenyddion a'r Phariseaid yn dod â gwraig ato oedd wedi ei dal mewn godineb, a'i rhoi i sefyll yn y canol. "Athro," meddent wrtho, "y mae'r wraig hon wedi ei dal yn y weithred o odinebu. Gorchmynnodd Moses yn y Gyfraith i ni labyddio gwragedd o'r fath. Beth sydd gennyt ti i'w ddweud?" Dweud hyn yr oeddent er mwyn rhoi prawf arno, a chael cyhuddiad i'w ddwyn yn ei erbyn.

IOAN 8:3-6

Mae'r stori fach brydferth hon yn dangos y gwahaniaeth rhwng yr arweinyddion crefyddol pwysig a'r Iesu. Maent yn gwbl ddideimlad tuag at y wraig - iddynt hwy nid yw'n ddim ond ffordd o gael Iesu i fagl. A fyddai ef yn dewis taflu cerrig ati - a mynd i helynt gyda'r Rhufeiniaid, oherwydd ganddynt hwy yr oedd yr hawl i ddedfrydu i farwolaeth - neu yn dewis dangos trugaredd ac felly yn anwybyddu eu cyfraith sanctaidd hwy?

Mewn llabyddio, roedd yn rhaid i'r prif dystion daflu'r garreg gyntaf. Fe gynigiodd Iesu mai'r sawl oedd heb bechu oedd i daflu'r garreg gyntaf. Fesul un sleifiodd yr arweinwyr i ffwrdd a'u cydwybod yn eu pigo. Yna meddai'r Iesu yn addfwyn wrth y wraig, 'Nid wyf finnau'n dy gondemnio chwaith,' ac ychwanegodd 'Dos, ac o hyn allan paid â phechu mwyach.'

Hanner mesur

Wedi i Absalom ffoi... cododd hiraeth ar y brenin Dafydd am Absalom, unwaith yr oedd wedi ei gysuro am farwolaeth Amnon . . . Aeth Joab ar unwaith i Gesur, a dod ag Absalom yn ôl i Jerwsalem. Ond dywedodd y brenin, "Aed i'w dŷ ei hun; ni chaiff weld fy wyneb i." Felly aeth Absalom i'w dŷ ac ni welodd wyneb y brenin.

2 SAMUEL 13:38-39, 14:23-24

Mae hanesion teulu Dafydd yn darllen fel nofel erchyll. Pan dreisiodd

Amnon, ei hanner chwaer, Tamar, lladdwyd ef gan ei brawd llawn, Absalom. Fe ddihangodd Absalom o'r wlad, ond ymhen tipyn cafodd Joab, capten ym myddin Dafydd, berswâd ar y brenin i adael iddo ddychwelyd adref. Gwnaeth Dafydd y peth gwaethaf posibl - mae'n ***hanner*** maddau ac yn adfer y mab a hoffai i'w safle. Felly nid oedd Absalom yn ddiogel allan o'r wlad na chwaith yn cael ei dderbyn yn garedig yn y llys. Cyn bo hir roedd Absalom yn ennill canlynwyr o blith y bobl a heidiai i'r ddinas. Yn y man fe gododd mewn gwrthryfel yn erbyn ei dad. Yn y rhyfel a ddilynodd hyn fe gafodd ei ladd. Tebyg mai mewn ansicrwydd y tynnodd Dafydd y mab a garai mor fawr i'w ben, gan golli ei gyfeillgarwch a'i ffyddlondeb.

Mae cael maddeuant yn golygu maddau i eraill

Oherwydd os maddeuwch i ddynion eu camweddau, bydd eich Tad nefol yn maddau hefyd i chwi. Ond os na faddeuwch i ddynion eu camweddau, ni fydd eich Tad chwaith yn maddau eich camweddau i chwi.

MATHEW 6:14-15

Un o'r pethau cyntaf y mae pobl yn ei ddarganfod o ddod i berthynas agos â Duw yw eu bod yn medru dechrau eto â llechen lân, gan ei fod wedi maddau'r drwg y maent wedi ei wneud. Mae cariad a maddeuant Duw yn gwbl ddiamod yn yr ystyr eu bod yn cael eu cynnig i bobl nad ydynt yn eu haeddu. Ond fe wna Iesu'n glir bod gwrthod maddau i'n cyd-ddynion yn rhwystr i dderbyn maddeuant Duw. Mae agwedd galon-galed, ddi-dostur tuag at arall yn effeithio ar ein perthynas â Duw. Mae Paul yn atgoffa Cristnogion y dylent fod yn barod i faddau i eraill fel y mae Duw wedi maddau i ni yng Nghrist. Golyga ddal i faddau fel y mae Duw yn para i faddau i ni. Rhaid bod yn berson maddeugar yn ogystal ag un yn derbyn maddeuant. Geiriau Martin Luther King oedd: 'Nid gweithred achlysurol yw maddeuant; mae'n agwedd barhaol'.

Yr amser i ddewis!

"Am hynny ofnwch yr Arglwydd, gwasanaethwch ef yn ddidwyll ac yn ffyddlon; bwriwch ymaith y duwiau y bu'ch tadau yn eu gwasanaethu y tu hwnt i'r Afon ac yn yr Aifft. Gwasanaethwch yr Arglwydd; ac oni ddymunwch wasanaethu'r Arglwydd, dewiswch ichwi'n awr pwy a wasanaethwch...Ond byddaf fi a'm teulu yn gwasanaethu'r Arglwydd."

JOSUA 24:14-15

Fe arweiniodd Moses bobl Israel o gaethiwed yr Aifft i ffiniau'r wlad a addawodd Duw iddynt. Ond Josua a ddaeth yn ei le a mynd â'r Israeliaid i Ganaan a'u sefydlu yno. Erbyn hyn roedd Josua yn agosáu at ddiwedd ei fywyd. Beth a ddigwyddai i'r bobl? A fyddent yn dewis crefydd rwydd fel yr un yr oedd eu cymdogion yn ei harfer, neu a fyddent yn glynu wrth y Duw byw? Fe ddangosodd Josua yn glir iddynt y penderfyniad oedd i'w wneud. Ac roedd yn rhaid penderfynu. Mae gwasanaethu Duw yn golygu gwneud dewis, a phenderfyniad pendant. Rhoddodd Josua, yn ôl ei arfer ers blynyddoedd, esiampl i'r Israeliaid drwy ddewis a dilyn y ffordd iawn ei hun.

Rydych chi wedi'ch dewis!

Yr ydych chwi'n gyfeillion i mi os gwnewch yr hyn yr wyf fi'n ei orchymyn ichwi... Nid chwi a'm dewisodd i, ond myfi a'ch dewisodd chwi...

IOAN 15:14, 16

Mae rhai ohonom yn cofio, yn nyddiau ysgol, bod ar bigau'r drain pan oedd aelodau o wahanol dimau yn cael eu dewis. Os nad oeddech chi'n rhy dda mewn chwaraeon fe fyddech yn cael eich gadael tan yr olaf. Mae cael eich dewis - cael eich pigo allan - ar unrhyw adeg mewn bywyd yn dod ag ymdeimlad o werth a hyder. Mae arnom angen y teimlad bod ein heisiau. Dewisodd Iesu ei ddisgyblion cyntaf. Pobl gyffredin oeddent yn gwneud gwaith cyffredin, nid pobl amlwg eu dydd. Nid oeddent yn gyfoethog, nac yn rymus nac yn academig. Nid oeddent mor gyflym â hynny i ymateb i ddysgeidiaeth Iesu, ac fe wnaethant lawer iawn o gamgymeriadau. Ond ar ôl marw Iesu, ei atgyfodiad a'i esgyniad, gyda help yr Ysbryd Glân, fe droesant y byd wyneb i waered. Mae Iesu'n galw pobl gyffredin o hyd i'w ddilyn. Fe all ymddangos fel pe bai'r un sydd am ganlyn Iesu yn dewis gwneud hynny ohono'i hun, ond y gwir yw bod pob un sy'n canlyn Iesu wedi ei ddewis yn barod ganddo ef.

Dewis pwysicaf Duw

Hysbysodd i ni ddirgelwch ei ewyllys, y bwriad a arfaethodd yng Nghrist yng nghynllun cyflawniad yr amseroedd, sef dwyn yr holl greadigaeth i undod yng Nghrist, gan gynnwys pob peth yn y nefoedd ac ar y ddaear.

EFFESIAID 1:9-10

Sut y daw'r byd i ben? Ai mewn clec fawr neu gwynfan isel? Fe sonia'r gwyddonwyr am wahanol ffyrdd a gwahanol amserau, ond fe gytunant i gyd y daw'r byd i ben ryw dro. Beth yw pwynt y cyfan i gyd? Beth fydd ein tynged? Oes yna rywbeth o gwbl yng nghôl y dyfodol? Fe gymer y Beibl agwedd gadarnhaol, obeithiol. Efallai ein bod yn meddwl bod popeth yn llanast, ond mae Duw wrth y llyw. Mae Duw wedi dewis Iesu fel canolbwynt hanes. Fe ddywed Paul fod y bydysawd wedi dod i fod drwyddo ef, a bod pob peth yn cael ei gynnal drwy air ei nerth. Ef a wna synnwyr o'r bydysawd yn y diwedd. Ef fydd dechrau a diwedd popeth sy'n bod ac sydd wedi bod o'r dechrau. Fe fydd yna batrwm a phwrpas, daioni a phrydferthwch pan ddaw'r amser i Iesu wneud trefn ar y byd a'r greadigaeth lydan y tu draw iddo.

Cyfeillion

Gwnaeth Jonathan gyfamod â Dafydd am ei fod yn ei garu fel ef ei hun; tynnodd y fantell oedd amdano a'i rhoi i Ddafydd; hefyd ei arfau, hyd yn oed ei gleddyf, ei fwa a'i wregys.

1 SAMUEL 18:3-4

Mae gwir gyfeillion yn brin ac yr ydym yn iawn yn eu trysori. Mewn cyfeillgarwch gwerth yr enw, mae'r ddwy ochr yn rhoi cymaint ag y maent yn ei dderbyn - er mewn gwahanol ffyrdd. Gwaetha'r modd, mewn cymdeithas lle mae rhyw yn obsesiwn mor fawr, mae perthynas rhwng dyn a dyn neu ferch a merch yn cael ei ystyried yn amheus. Ond mae yna gymaint i'w ennill o berthynas glòs, sydd wedi sefyll prawf amser a newid, ac sy'n rhydd oddi wrth gariad rhamantus. Mae yna rywbeth cyffrous a rhyw fodlonrwydd dwfn mewn siarad, chwerthin a rhannu profiadau a gwybod y byddwn yn cael ein gwerthfawrogi. Roedd Jonathan yn fab i'r brenin Saul, ac yr oedd Dafydd wedi cael ei eneinio'n frenin yn ddirgel, felly fe allai'r ddau fod yn brif elynion. Ond parodd cyfeillgarwch a hoffter dwfn i Jonathan wneud i ffwrdd â'i arfau a'i ddillad brenhinol - symbolau o'i hawliau. Roedd ganddo fwy o barch a meddwl o Ddafydd nag ohono'i hun.

Duw cariad yw

Gyfeillion annwyl, gadewch i ni garu ein gilydd, oherwydd o Dduw y mae cariad, ac y mae pob un sy'n caru wedi ei eni o Dduw, ac yn adnabod Duw. Yr hwn nad yw'n caru, nid yw'n adnabod Duw, oherwydd cariad yw Duw... Yn hyn y mae cariad: nid ein bod ni'n caru Duw ond ei fod ef wedi ein caru ni, ac anfon ei Fab i fod yn foddion puredigaeth oddi wrth ein pechodau. Gyfeillion annwyl, os yw Duw wedi ein caru ni fel hyn, fe ddylem ninnau hefyd garu ein gilydd.

1 IOAN 4:7-11

Fe ddywed yr adnodau hyn y cyfan! Maent yn ein cyfeirio at Dduw, ffynhonnell pob cariad. Diffinir cariad fel rhoi cyfangwbl er mwyn yr un yr ydym yn ei garu. Mae yma symbyliad i garu ein gilydd fel yr ydym yn caru Duw a'i rhoddodd ei hun i ni drwy ei fab Iesu. Fe gred llawer i'r llythyr hwn gael ei ysgrifennu gan awdur efengyl Ioan, ac mai ef oedd un o'r tri apostol y sonnir amdanynt fel ffrindiau agosaf Iesu. Felly pan yw Ioan yn siarad am gariad Duw fe wna hynny o brofiad. Roedd wedi cerdded a siarad a rhannu bywyd gyda Iesu, perffaith gariad mewn cnawd dynol. Fe wyddai Ioan am beth yr oedd yn siarad.

Gwir gariad

Y mae cariad yn hirymarhous; y mae cariad yn gymwynsgar; nid yw cariad yn cenfigennu, nid yw'n ymffrostio, nid yw'n ymchwyddo... nid yw'n ceisio ei ddibenion ei hun, nid yw'n gwylltio, nid yw'n cadw cyfrif o gam... Y mae'n goddef i'r eithaf, yn credu i'r eithaf, yn gobeithio i'r eithaf, yn dal ati i'r eithaf.

1 CORINTHIAID 13:4-5, 7

Fe ddefnyddiwn y gair 'cariad' mewn gwahanol ffyrdd, fel rheol i ddisgrifio'n teimladau. Teimlwn ein calon yn gynnes, yn serchus neu hoffus tuag at rywun ac fe ddywedwn ein bod yn eu caru, Ond mae diffiniad y Beibl o gariad yn golygu cariad sy'n costio i ni. Mae'n anodd peidio â theimlo'n eiddigeddus neu yn fyr ein hamynedd neu'n anghwrtais, hyd yn oed pan yw'r person arall yn un yr ydym yn ei garu fel rheol - fel cymar, tad neu fam neu blentyn. Pan fygythir fy nheimlad cyfforddus neu fy nghysur, nid wyf yn amyneddgar nac yn garedig. Pe baem i gyd *yn* caru fel y disgrifia Paul, ni fyddai yna ddim tor-priodasau, dim cwerylon teuluol na rhyfeloedd. Ond rhaid cydnabod na fedr y mwyafrif ohonom ddangos y cariad a ddisgrifia Paul. Wrth gwrs cariad fel yr eiddo Duw ydyw. Ef yn unig a all ein helpu i geisio'i weithredu.

Rydych chi'n cyfri!

Amdanoch chwi, y mae pob blewyn o wallt eich pen wedi ei rifo.

MATHEW 10:30

Fe all pobl sy'n ymddangos yn weddol hyderus ddioddef o ddiffyg hunan-dyb. Fe fyddai llawer ohonom yn cydnabod nad ydym yn hoffi llawer arnom ein hunain. Nid diffyg hunan-dyb er hynny yw'r hyn a eilw'r Beibl yn wyleidd-dra. Mae ein casáu ein hunain neu ddioddef o ddiffyg hunan-werth yn gallu dylanwadu ar ein hyder a'n mwynhad o fywyd. Mae gwybod ein bod o werth anrhaethol i Dduw yn medru ein newid. Nid yw'n gwneud person yn falch, ond fe fedr ein codi o ddyfnder anobaith i hapusrwydd. Gwna Iesu'n glir bod pob unigolyn yn werthfawr i Dduw. Sut bynnag y darllenwn ei eiriau, yn llythrennol neu yn farddonol, fe ddisgrifia Iesu y gwerth y mae Duw yn ei roddi arnom ni, a'r ffordd y mae'n ein deall i gyd fel unigolion - yn well nag a fedr tad neu fam neu rywun sy'n ein caru ein deall. Mae yna lawer ffordd o fedru adnabod pwy ydym - yn cynnwys astudio'n gwallt. Mae pob person wedi golygu llawer i Dduw, a gofala am bob un a greodd. Meddai Paul: 'Fe'm carodd *i* ac a'i rhoes ei hun ei hun i farw trosof *i'*.

Diddordeb mewn eraill?

Peidiwch â gwneud dim o gymhellion hunanol nac o ymffrost gwag, ond mewn gostyngeiddrwydd bydded i bob un ohonoch gyfrif y llall yn deilyngach nag ef ei hun. Bydded gofal gennych, bob un, nid am ei fuddiannau ei hun yn unig ond am fuddiannau pobl eraill hefyd.

PHILIPIAID 2:3-4

Nid yw bod yn wylaidd yn golygu meddwl bod pawb arall yn well na mi. Ond mae'n golygu nad wyf i feddwl amdanaf fy hun i'r graddau na fyddaf byth yn canolbwyntio ar les pobl eraill. Roedd Paul yng ngharchar pan ysgrifennodd y llythyr hwn, ac roedd yn awyddus tu hwnt i wybod beth oedd hynt a helynt y Cristnogion yn Philipi. Ond roedd yn ei chael hi'n anodd i wybod gan bwy yr oedd digon o ddiddordeb ynddynt i ymweld â hwy. Roedd gan bawb ormod o ofal am ei amgylchiadau ei hun.

Ochr arall i wyleidd-dra yw bod yn barod i wrando ar farn pobl eraill. Y *mae'n* haerllug i feddwl mai ein syniadau ni yn unig sy'n iawn. Rhaid bod yn wylaidd hefyd i'n rhoi ein hunain yn esgidiau rhywun arall a cheisio deall yr hyn y maent hwy yn mynd drwyddo. Hwyrach mai peidio â meddwl amdanom ein hunain yw hanfod gwyleidd-dra.

Gwisgwch eich ffedog!

A phawb ohonoch, gwisgwch amdanoch ostyngeiddrwydd yng ngwasanaeth eich gilydd, oherwydd, fel y dywed yr Ysgrythur: "Y mae Duw'n gwrthwynebu'r beilchion, ond i'r gostyngedig y mae'n rhoi gras."

1 PEDR 5:5-6

Fe feddyliodd Pedr lawer gwaith mae'n siwr am y noson Basg fythgofiadwy honno pan olchodd Iesu draed y disgyblion. Os temtiwyd ef o gwbl i fod yn haerllug ac awdurdodol, roedd y cof am Iesu ar ei liniau yn golchi ei draed llychlyd yn sicr o fflachio i'w feddwl. Felly mae'n dweud wrth ei ddarllenwyr mai gwisgo ffedog - yn llythrennol neu yn ffigurol - yw'r ffordd i fod yn barod i wneud y dyletswyddau brwnt, diflas hynny y mae pobl bwysig am eu hosgoi. Mae Pedr yn dyfynnu o'r Hen Destament i'n calonogi. Pan ydym ni'n barod i anghofio ein pwysigrwydd ein hunain, ac i ddangos gofal dros eraill, mae Duw yn gallu ein bendithio a'n hanrhydeddu ni yn ogystal â'r rhai yr ydym yn eu gwasanaethu. Ar ddydd Iau Cablyd mae rhai arweinwyr Cristnogol o hyd yn cynnal y seremoni o olchi traed i'n hatgoffa y dylem fod yn barod o hyd i wisgo ffedog a gofalu am ein gilydd.

Rhywbeth prydferth i Iesu

Pan oedd Iesu ym Methania... daeth gwraig ato a chanddi ffiol alabaster o ennaint gwerthfawr, a thywalltodd yr ennaint ar ei ben tra oedd ef wrth bryd bwyd. Pan welodd y disgyblion hyn, aethant yn ddig a dweud, "I ba beth y bu'r gwastraff hwn?... Sylwodd Iesu ar hyn a dywedodd wrthynt, "Pam yr ydych yn poeni'r wraig? Oherwydd gweithred brydferth a wnaeth hi i mi."

MATHEW 26:6-8, 10

Brin wythnos cyn marw Iesu oedd hi. Roedd y wraig hon, yr unig un ymysg ei ffrindiau mae'n debyg, wedi synhwyro ei farw. Mewn gweithred eithafol o gariad a gofal, mae'n rhoi i Iesu y peth mwyaf gwerthfawr oedd ganddi. Nid mesur ychydig ddiferion a wnaeth, ond arllwys y persawr oedd yn y ffiol i gyd ar ei ben. Y cyfan y medrai'r disgyblion feddwl amdano, fel y llenwid yr ystafell gan yr arogl, oedd y gost. Pobl dlawd oeddent, a'r persawr bron gymaint o werth â chyflog dyn am flwyddyn. Ond gwyddai Iesu am y cariad yng nghalon Mair. Mae cariad yn ein gorfodi i roi mwy nag y medrwn ei fforddio - mewn arian, anrhegion neu amser. Weithiau gwastreffir y fath roi ar rywun hunanol neu ansensitif. Nid yw rhoi aberthol, mewn teyrngarwch i Dduw, byth yn wastraff.

Aberth cywir

Â pha beth y dof o flaen yr Arglwydd, a phlygu gerbron y Duw uchel? A ddof ger ei fron â phoethoffrymau, neu â lloi blwydd? A fydd yr Arglwydd yn fodlon ar filoedd o hyrddod neu ar fyrddiwn o afonydd olew? A rof fy nghyntafanedig am fy nghamwedd, fy mhlant fy hun am fy mhechod? Dywedodd wrthyt, ddyn, beth sydd dda, a'r hyn a gais yr Arglwydd gennyt: dim ond gwneud beth sy'n iawn, caru ffyddlondeb, a rhodio'n ostyngedig gyda'th Dduw.

MICHA 6:6-8

Pan gyhuddodd y proffwyd Micha bobl Dduw o'u hanghyfiawnder a'u camymddwyn, fe'u sicrhaodd hwy na fedrent fodloni Duw ag aberthau costus. Chwilio yr oedd Duw am newid mewn bywydau. Dyna'r gwir aberth. Ni fedrwn gyflwyno dim chwaith i wneud iawn dros ein camweddau. 'Dof yn waglaw at y groes, Glynaf wrthi drwy fy oes,' yw'r crynhoad gorau o'r unig ymateb sy'n bosibl i aberth Iesu drosom ni. Ond pan dderbyniwn ei faddeuant, gallwn gynnig bywyd newydd fel aberth. Ac y mae crynhoad Micha o'r bywyd sy'n rhyngu bodd Duw yn wir o hyd.

Dim yn weddill

Cododd ei lygaid a gwelodd bobl gyfoethog yn rhoi eu rhoddion i mewn yng nghist y drysorfa. Yna gwelodd wraig weddw dlawd yn rhoi dwy hatling ynddi, ac meddai, "Yn wir, 'rwy'n dweud wrthych fod y weddw dlawd hon wedi rhoi mwy na phawb. Oherwydd cyfrannodd y rhain i gyd o'r mwy na digon sydd ganddynt, ond rhoddodd hon o'i phrinder y cwbl oedd ganddi i fyw arno."

LUC 21:1-4

Gallwn ddychmygu Iesu yn gwylio'r bobl yn mynd yn ôl a blaen yng nghyntedd y Deml, gan fynd heibio tri ar ddeg o flychau casglu ar ffurf utgorn wrth wneud hynny. Roedd llawer yn taflu dyrnaid o ddarnau arian iddynt wrth fynd heibio. Yn bwyllog, fe daflai eraill symiau mawr i mewn gan wneud yn siwr bod pawb yn eu gweld. Roeddent yn rhoi yn hael at gynnal y Deml. Mae'n siwr bod y rhoi hael wedi gwneud argraff ar y disgyblion, ac iddynt gael eu synnu gan y sylw a roddodd Iesu i ddau ddarn arian gan weddw. Sut y medrai hi fod wedi rhoi mwy na chyfraniadau'r dynion hael, cyfoethog a roddai gymaint? Am fod Iesu, nid yn edrych ar yr hyn oedd wedi'i roi, ond ar yr hyn oedd ar ôl. Yr hyn sydd gennym ar ôl wedi rhoi i Dduw sy'n mesur yr aberth a wnawn.

Mae ie yn golygu ie

Ond fel y mae Duw'n ffyddlon, nid "Ie" a "Nage" hefyd yw ein gair ni i chwi. Nid oedd Mab Duw, Iesu Grist... yn "Ie" ac yn "Nage". "Ie" yw'r gair a geir ynddo ef. Ynddo ef y mae'r "Ie" i holl addewidion Duw.

2 CORINTHIAID 1:18-20

'Fe greda i pan wnaiff e gyrraedd!' Fe dderbyniwn addewid rhai o'n cyfeillion â phinsied o halen. Fe ddywedant eu bod am ddod ac y *maent* yn bwriadu dod, ond fe ddaw rhywbeth ar eu traws i beri iddynt newid eu meddwl. Roedd y Cristnogion yng Nghorith yn meddwl fel hyn am Paul ar ôl iddo newid ei feddwl am ymweld â hwy. Mae Paul yn eu sicrhau iddo wneud hyn yn gwbl ddidwyll. Sut y medrai weithredu'n wahanol ac yntau yn pregethu am Iesu - sydd yn gwbl ddibynadwy. Yn wahanol i ni, ni wna Duw addewidion na fedr eu cadw. Ac yn Iesu mae addewidion Duw - llawer a wnaed yn amser yr Hen Destament - yn dod yn wir. Mae Iesu'n gadarnhaol bob amser - byth yn negyddol na byth yn gyfnewidiol. Yr un ydyw ddoe a heddiw ac hyd byth. Mae ei addewidion ef yn cael eu cadw!

Addewid Duw nas torrir

...y mae ef wedi dweud, "Ni'th adawaf fyth, ac ni chefnaf arnat ddim."

HEBREAID 13:5

Rwyf yn siomedig pan fo hi'n ymddangos fel pe na bai Duw yn cadw'i addewidion. Meddai Iago, 'Bydd gweddi a offrymir mewn ffydd yn iacháu y sawl sy'n glaf', eto i gyd fe fu ein ffrind farw o ganser er i arweinwyr yr eglwys weddïo fel y dywed Iago. Ond nid yw ceisio addewidion Duw fel defnyddio peiriant ceiniogau. Yn gyntaf ac yn flaenaf mae Duw yn gweithio allan ei gynlluniau, ac ni fedrwn ddefnyddio Duw i gael ein ffordd ein hunain. Ond ni fetha addewid Duw y bydd gyda ni. Mae dynion a merched wedi profi presenoldeb Duw mewn carchar, mewn unigrwydd, mewn rhyfel, mewn ysbyty, ac ymhob amgylchiad mewn bywyd. Fe ddywed Paul nad oes dim drwy'r holl greadigaeth a fedr ein gwahanu ni oddi wrth gariad Duw. Nid yw Duw wedi addo ein cadw rhag poen neu ddioddef neu anawsterau. Ond gallwn *wybod* nad yw yn gadael inni fynd drwyddynt ar ein pennau ein hunain. Fe fydd presenoldeb Duw gyda ni, a hyd yn oed 'yng nglyn cysgod angau nid ofnaf niwed, oherwydd yr wyt ti gyda mi'.

Cadw fy ngair

Arglwydd... Pwy a gaiff fyw yn dy fynydd sanctaidd? Yr un sy'n byw'n gywir, yn gwneud cyfiawnder... un sy'n tyngu i'w niwed ei hun, a heb dynnu'n ôl.

SALM 15:1-2, 4

Nid oes dim byd yn gwylltio rhywun yn fwy na derbyn gwahoddiad ac yna deall ychydig o ddyddiau wedyn bod digwyddiad arall ar yr un diwrnod y byddai'n llawer gwell gennym fynd iddo. Neu addo mynd â chyfaill i'r ysbyty a chanfod ei bod yn ddiwrnod cyntaf sêls y siopau - neu gêm bwysig ar y teledu. Beth ydym ni am ei wneud? Mae'n rhwydd gwneud esgus i geisio dod allan o'n hymrwymiad er mwyn gwneud yr hyn a hoffem. Ond pan yw awdur y darn hwn o farddoniaeth yn disgrifio'r person sy'n gymeradwy gan Dduw, mae'n cynnwys y ffaith fod hwnnw'n gwneud yr hyn y mae wedi'i addo, heb gyfri'r gost. Mae cadw addewidion wrth fodd calon Duw. Mae Ef yn cadw ei air ac am i'w bobl fod yr un fath ag Ef. Mae hyn yn cynnwys yr adegau hynny pan yw cadw addewid yn golygu colli'r hyn yr hoffem ei wneud, neu hyd yn oed orfod dioddef caledi i fedru cadw'n gair.

Swynwyr a dewiniaid

Pan fyddi wedi dod i'r tir y mae yr Arglwydd dy Dduw wedi ei roddi i ti, paid â gwneud yn ôl arferion ffiaidd y cenhedloedd hynny. Nid yw neb yn eich mysg... i arfer dewiniaeth, hudoliaeth, na darogan; nac i gonsurio, arfer swynion. nac ymwneud ag ysbrydion a bwganod, nac ymofyn â'r meirw... Yr wyt i fod yn ddi-fai gerbron yr Arglwydd dy Dduw.

DEUTERONOMIUM 18:9-11, 13

'Dim ond 'chydig o hwyl!' meddai pobl wrth ddarllen eu horosgop neu fynd at wraig dweud ffortiwn. Mae rhai sydd mewn galar yn mynd i ymofyn â'r meirw er mwyn cysylltu â'u hanwyliaid. Mae awdur Deuteronomium yn dangos yn glir fod chwarae â phwerau fel hyn yn annheyrngar i Dduw. Mae'r dyfodol yn nwylo Duw ac mae am i ni ymddiried ynddo bob cam o'r ffordd. Gallwn gyflwyno'r sawl sydd wedi marw i'w ofal hefyd. Mae llawer o brofiadau'r ocwlt yn dwyll, ond fe allant fod yn real hefyd. Nid Duw yw ffynhonnell y cyfarfyddiadau hyn â'r byd anweledig, ond pwerau dieflig drygioni. Cawn ein rhybyddio bod ymgynghori â hwy yn golygu troi cefn ar Dduw, ac y gallwn ddioddef yn ysbrydol ac yn emosiynol o'r herwydd.

Sêr-ddewiniaeth

'Rwyt wedi dy lethu gan nifer dy gynghorwyr; ... dewiniaid y nefoedd a gwylwyr y sêr, sy'n proffwydo bob mis yr hyn a digwydd iti. Edrych y maent fel us, a'r tân yn eu hysu; ni fedrant eu harbed eu hunain rhag y fflam. Fel hyn y bydd y rhai y buost yn... ymhél â hwy o'th ieuenctid; trônt ymaith bob un i'w ffordd ei hun, heb allu dy waredu.

ESEIA 47:13-15

Roedd arolwg diweddar yn dangos bod 67 y cant o bobl Prydain Fawr yn credu bod yna ryw gymaint o wir mewn sêr-ddewiniaeth. Mae pobl, yn gynyddol, yn ymddiried yn yr hyn a ddywed y sêr, ac y mae gan lawer o'r papurau dyddiol a rhaglenni teledu eu sêr-ddewiniaid eu hunain. Fe ymarferid y ddawn ym Mabilon gynt, a phan welodd Eseia, proffwyd yr Arglwydd, gwymp yr ymerodraeth falch honno atgoffodd hi na fedrai ei horosgop ei hachub. Ni fedrai darogan cywir hyd yn oed ei helpu. Pan ddeuai helbul, fe fyddai'r bobl yn ddiymadferth, ac fe fyddai eu sêr-ddewiniad yn analluog i'w hachub. Dim ond Duw Israel a fedrai - ac sy'n medru - achub.

Ymddiried yn Nuw

Ond yr wyf yn ymddiried ynot ti, Arglwydd, ac yn dweud, "Ti yw fy Nuw." Y mae fy amserau yn dy law di.

SALM 31:14-15

Mae llawer o bobl heddiw ar goll ac heb wybod ble i droi. Maent yn hiraethu am weld llwybr clir o'u blaenau. Fe deimlant angen am ddimensiwn ysbrydol i fywyd, ac fe gânt eu cyfareddu gan y paranormal. Mae llawer i raglen deledu yn rhoi sylw i hyn, ac mae llawer o bobl yn mynd at ddewiniaid a'r rhai sy'n darllen y cardiau tarot. Hwyrach y byddant yn prynu simbolau lwc dda neu amwledau, ac yn rhoi cynnig ar y dewisiadau sydd ar gael ym marchnadoedd yr Oes Newydd i'w diogelu rhag anlwc. Roedd y salmydd, o'r ochr arall, yn teimlo'n ddiogel o wybod ei fod mewn dwylo diogel. Gall ffawd fod yn anwadal, ond â'i dynged yn llaw Duw fe deimlai'r salmydd yn rhydd oddi wrth ofnau o bob math. Nid yw Cristnogion bob amser yn hyderus ac yn ffyddiog. Maent hwy yn cael adegau o ansicrwydd ac amheuaeth hefyd. Ond yng ngwaelod eu calonnau fe wyddant nad oes raid iddynt gael eu hysgwyd gan dreialon bywyd. Nid ydynt hwy ar drugaredd ffawd. Mae eu tynged yn llaw Duw.

Pam poeni?

Oni werthir dau aderyn y to am geiniog? Eto nid oes un ohonynt yn syrthio i'r ddaear heb eich Tad. Amdanoch chwi, y mae hyd yn oed pob blewyn o wallt eich pen wedi ei rifo. Peidiwch ag ofni felly; yr ydych chwi'n werth mwy na llawer o adar y to.

MATHEW 10:29-31

Yn amser Iesu yr oedd adar y to yn llythrennol yn ddau am geiniog. Dywed Luc eu bod yn bump am ddwy geiniog. Awgryma'r Athro Barclay mai mater o 'Prynwch bedwar, cewch un am ddim' oedd hi, fel mewn archfarchnadoedd heddiw. Golyga hynny nad oedd un o'r adar hyn o fawr werth - ond i Dduw! Gwnaeth Iesu'n berffaith glir fod gofal Duw mor fawr dros y distadlaf o'i greaduriaid fel nad oes un ohonynt yn syrthio i'r ddaear heb iddo ef wybod. Fe all hyn gyfeirio nid yn unig at ei farw ond hefyd at ei hopian dibryder hwnt ac yma. Ond, meddai Iesu, yr ydych chwi yn llawer mwy gwerthfawr i Dduw na'r adar. Dyna gymorth mawr mewn ofn a gofid.

Tawelwch mewn storm

Cododd tymestl fawr o wynt, ac yr oedd y tonnau'n ymdaflu i'r cwch, nes ei fod erbyn hyn yn llenwi. Yr oedd ef yn starn y cwch yn cysgu ar glustog. Deffroesant ef... a cheryddodd y gwynt a dywedodd wrth y môr, "Bydd ddistaw! Bydd dawel!" Gostegodd y gwynt a bu tawelwch mawr.

MARC 4:37-38, 39

Gweithredai Iesu yr hyn a bregethai. Fe deimlai mor ddiogel yng ngofal ei Dad fel y medrai gysgu pan gododd storm egr fel y croesai ef a'r disgyblion i ochr arall y llyn. Fe gred rhai bod Marc wedi ysgrifennu ei efengyl ar gyfer eglwys oedd yn dioddef erlid. Roedd y Cristnogion i wynebu stormydd creulon o wrthwynebiad. Roedd Marc am iddynt wybod, er mor arw'r storm ac er ei bod yn edrych fel pe caent eu trechu, fod Iesu gyda hwy. Hwyrach na ddeuai diwedd ar eu trafferthion, ond fe allai roi iddynt heddwch a rhyddid rhag eu hofn. Mae yna nifer o lywodraethau o hyd sy'n erlid yr eglwys Gristnogol. Fe allwn ni sy'n byw mewn heddwch weddïo drostynt.

Pryder!

Peidiwch felly â phryderu a dweud, 'Beth yr ydym i'w fwyta?' neu 'Beth yr ydym i'w yfed?' neu 'Beth yr ydym i'w wisgo?' Dyna'r holl bethau y mae'r Cenhedloedd yn eu ceisio; y mae eich Tad nefol yn gwybod fod arnoch angen y rhain i gyd. Ond ceisiwch yn gyntaf deyrnas Dduw a'i gyfiawnder ef, a rhoir y pethau hyn i gyd yn ychwaneg i chwi. Peidiwch felly â phryderu am yfory, oherwydd bydd gan yfory ei bryder ei hun. Digon i'r diwrnod ei drafferth ei hun.

MATHEW 6:31-34

Mae'r geiriau 'pryder' a 'pryderu' yn digwydd yn ddigon aml yn y rhan hon o ddysgeidiaeth Iesu i ddangos nad afiechyd ein hoes ni yw pryderu. Rhydd Iesu ddwy ffordd i ni ymladd pryder. Fe ddywed wrthym y gallwn ymddiried yn Nuw i ddiwallu'n hanghenion o dydd i ddydd pan gawn ein blaenoriaethau'n iawn a rhoi'r lle blaenaf i bethau Duw - o flaen ein rhai'n hunain. Fe ddywed wrthym hefyd am beidio â phoeni am y dyfodol. Nid problemau'r presennol sy'n ein cadw'n ddi-gwsg fel rheol, ond poeni beth ddigwydd yfory, yr wythnos nesaf neu'r flwyddyn nesaf! Yn ôl cyfieithiad J.B.Phillips: '*One day's trouble is enough for one day.*'

Y dewrder i ddechrau

"... Ti fydd yn rhoi i'r bobl hyn feddiant o'r wlad... Onid wyf wedi gorchymyn iti: bydd wrol a dewr? Paid ag arswydo na dychryn, oherwydd yr wyf fi, yr Arglwydd dy Dduw, gyda thi ple bynnag yr ei."

JOSUA 1:6, 9

Tybed faint o blant sy'n dioddef yn enbyd cyn dechrau tymor newydd! Efallai ein bod wedi profi 'teimlad nos Sul' wrth feddwl am wythnos waith newydd yn dechrau. Mae cychwyn ar waith newydd hefyd yn gofyn am dipyn o ddewrder.

Fe ddywedodd Duw wrth Moses - a ddaeth â'r bobl o'r Aifft a thrwy'r anialwch - ei fod i farw. Rhaid oedd rhoi yr awenau i Josua, oedd wedi bod ar ei ddeheulaw am flynyddoedd. Ond mae bod yn ail yn wahanol iawn i fod yn arweinydd, yr un sy'n gorfod gwneud y penderfyniadau a gwrando ar gwynion y bobl. Os oedd Josua i wneud y gwaith arswydus o anodd o arwain y genedl i Ganaan roedd arno angen dewrder arbennig iawn. Fe wyddai Duw am hyn, felly dyma atgoffa Josua nad oedd ar ei ben ei hun. Fe fyddai Duw gydag ef ble bynnag yr âi, yn y buddugoliaethau yn ogystal â'r rhwystrau oedd ymlaen.

Dewrder yr ifanc

Un diwrnod, heb yngan gair wrth ei dad, dywedodd Jonathan fab Saul wrth y gwas oedd yn cludo'i arfau, "Tyrd, awn drosodd at wylwyr y Philistiaid sydd acw gyferbyn â ni... efallai y bydd yr Arglwydd yn gweithio o'n plaid, oherwydd nid oes dim i rwystro'r Arglwydd rhag gwaredu trwy lawer neu drwy ychydig."

1 SAMUEL 14:1, 6

Roedd Israel yn rhyfela yn erbyn y Philistiaid. Fe ddylai'r brenin Saul fod yn arwain, ond oedodd a llusgo'i draed tra oedd y tywysog ifanc Jonathan yn awchus am frwydr. Cynlluniodd ef ymosodiad hurt yn null comando gan obeithio dal y gelyn yn ddiarwybod. Fe âi ef a'i gludydd arfau i fyny dau glogwyn serth, gan gadw llygad ar y ceunant rhyngddynt, felly dod ar warthaf y gelyn yn ddiarwybod. Yna fe allent ymosod ar y milwyr, un ar ôl y llall.

Roedd ffydd Jonathan yn Nuw, ond gofynnai'r weithred y dewrder hwnnw nas ceir fel rheol ond mewn pobl ifanc. Fel y mae pobl yn mynd yn hŷn, eu tuedd yw pwyllo a phwyso a mesur y posibiliadau yn ôl eu profiad. Ond roedd yr ymosodiad hwn yn gofyn am symudiad byrbwyll a dewr. Fe fentrodd Jonathan a'i was, a chyda chymorth Duw cafwyd buddugoliaeth i'r Israeliaid digalon.

Peidiwch â bod yn nerfus!

Oherwydd nid ysbryd sy'n creu llwfrdra a roddodd Duw i ni, ond ysbryd sy'n creu nerth a chariad a hunanddisgyblaeth.

2 TIMOTHEUS 1:7

Gwyddom dipyn am Timotheus drwy lythyrau Paul. Fe fu'n rhan o dîm cenhadol Paul, ond yn awr fe'i taflwyd ef ei hun i arwain ac yntau'n ifanc - mewn amser pan berchid henaint yn hytrach nag ieuenctid. Mae'n debyg ei fod yn berson sensitif, yn dioddef llawer o afiechyd. Mae gwendid corfforol yn ogystal ag emosiynol ynghŷd â theimlo'n annigonol yn gwneud i rywun ofni'r gwaith sydd ar ei gyfer. Eto i gyd, nid yw'n rhyfedd bod Timotheus yn meddu ar ddoniau a'i galluogai i ddeall pobl eraill ac i fod mewn empathi â hwy. Fe addawodd Paul anfon Timotheus at y Cristnogion yn Philipi, oherwydd ef oedd yr unig nad oedd wedi ymgolli mewn meddwl amdano'i hun, - roedd yn gwbl ddidwyll yn ei ofal dros eraill. Rhybuddiodd Paul y Cristnogion yng Nghorinth eu bod i groesawu Timotheus ac nid i'w ddiystyru. Ni wrthodai Timotheus oruchwylion anodd, yn hytrach fe'i rhoddodd ei hun yn gyfangwbl i wasanaethu Duw a chynorthwyo Paul. Ond roedd arno angen yr anogaeth hon y byddai Ysbryd Glân Duw yn rhoi nerth a dewrder iddo, gan nad oedd yn berchen arnynt wrth natur.

Mae Iesu Grist yn Arglwydd!

O'i gael ar ddull dyn, fe'i darostyngodd ei hun, gan fod yn ufudd hyd angau, ie, angau ar groes. Am hynny, tra-dyrchafodd Duw ef a rhoi iddo'r enw sydd goruwch pob enw, fel wrth enw Iesu y plygai pob glin yn y nef ac ar y ddaear a than y ddaear, ac y cyffesai pob tafod fod Iesu Grist yn Arglwydd, er gogoniant Duw Dad.

PHILIPIAID 2:8-11

Mae'r geiriau 'Mae Iesu Grist yn Arglwydd' yn cael eu harddangos mewn llawer o eglwysi a chapeli. Mae Cristnogion yn rhoddi i Iesu addoliad ac anrhydedd sy'n perthyn i Dduw yn unig, felly'n ei gydnabod fel Mab Duw ac yn gydradd â Duw. Ond yn y llinellau hyn mae Paul yn cyhoeddi - efallai yng ngeiriau emyn cynnar - y gwerth a'r safle a rydd Duw i Iesu. Mae'r awdur yn rhagweld nad Duw a chanlynwyr Iesu yn unig fydd yn rhoi addoliad ac anrhydedd iddo. Rywbryd yn y dyfodol fe fydd pawb ymhob man yn cydnabod Iesu, ac yn plygu i'w frenhiniaeth.

Duw yn unig sydd i'w addoli

Yr wyt i ofni'r Arglwydd dy Dduw a'i wasanaethu a thyngu dy lw yn ei enw. Paid â dilyn duwiau eraill o blith duwiau'r cenhedloedd o'th amgylch.

DEUTERONOMIUM 6:13-14

Mae addoli Duw yn golygu cydnabod gallu anrhaethol Duw ac ymateb iddo. Fe allwn addoli Duw yn uchel neu mewn tawelwch, mewn tyrfa neu ar ein pennau'n hunain. Rydym yn addoli Duw pan ymatebwn i'w fawredd a'i ddaioni drwy gân neu weddi neu mewn addoliad tawel. Ond nid yw addoli wedi ei gyfyngu i wasanaethau eglwysig na myfyrdod personol. Fe addolwn Dduw pan wnawn bethau sydd wrth ei fodd a phan wnawn ef yn ganolbwynt ein holl fywyd. Mae'n debyg na chawn ein temtio i addoli duwiau fel rhai pobl Israel, ond gallwn ddilyn y dyrfa o hyd a dewis eiconau poblogaidd yn ganolbwynt i'n serch a'n hedmygedd. Pan dywalltwn y gorau sydd gennym ar berson neu rywbeth arall - bod yn rhy hoff ohono a rhoi iddo ein hamser a'n harian - fe roddwn iddo'r addoliad a berthyn i Dduw. Mae addoli rhywun neu rywbeth yn hytrach na Duw yn ein gwneud yn llai na dynol, ac fe ddwg yn y diwedd wacter a cholled.

Gwir Addoli

Am hyn, yr wyf yn ymbil arnoch, frodyr, ar sail tosturiaethau Duw, i'ch offrymu eich hunain yn aberth byw, sanctaidd a derbyniol gan Dduw. Felly y rhowch iddo addoliad ysbrydol.

RHUFEINIAID 12:1

Pan ydym ni'n *gwir* garu rhywun rydym am eu plesio. Rydym wrth ein bodd pan gawn afael ar rywbeth y mae arnynt ei angen, ac os yw'n bosibl ei roi iddynt yn anrheg. Po fwyaf costus fydd, balchaf yn y byd fyddwn ni. Rydym hefyd am roi eu lles a'u cysur o flaen ein rhai ni. Dyna wir gariad! Dyma sut y gwêl Paul wir addoli Duw. Nid rhywbeth diflas, crintachlyd sy'n cael ei hawlio gan Dduw ydyw, ond ymateb digymell o'r galon. Ef yw'r prif symudydd. Ei gariad hael, anghygoel ef sydd yn newid ein holl fywyd i ddechrau.

Yn y Beibl yr un gair Groeg a ddefnyddir weithiau am 'addoli' a 'gwasanaethu'. Mae addoli Duw yn golygu dweud wrtho gymaint yr ydym yn ei garu, ond mae hefyd yn golygu ein rhoddi ein hunain iddo, gan roddi ei ddymuniadau ef o flaen ein rhai ni. Pan ydym ni'n cwrdd â gŵr neu wraig sydd wedi eu rhoi eu hunain yn gyfangwbl i Dduw fe ryfeddwn at ansawdd eu bywyd a'r llewyrch sydd arno. Mae gwasanaethu ac addoli Duw yn dod â rhyddid a llawenydd.

Ffydd annisgwyl

Trwy ffydd, ni chafodd Rahab, y butain, ei difetha gyda'r rhai oedd wedi gwrthod credu, oherwydd iddi groesawu'r ysbïwyr yn heddychlon.

HEBREAID 11:31

Roedd tafarn Rahab, wedi ei hadeilau ar fur dinas Jericho, yn lle da i glywed clecs, felly dyma lle'r aeth dau o sgowtiaid Josua. Ond daeth brenin Jericho i wybod amdanynt drwy ei ysbïwyr, felly dyma anfon dynion at Rahab er mwyn eu carcharu. Ond cuddiodd Rahab hwy yn y to o dan y planhigion llin oedd yn sychu yno a dywedodd wrth filwyr y brenin eu bod wedi dianc gyda'r nos pan oedd y porth ar fin cau. Fe esboniodd pam y gwnaeth hyn - roedd wedi clywed yr hyn a wnaeth Duw dros ei bobl - roedd yn siwr y byddai'n dod â hwy yn ddiogel i Ganaan. Roedd am ochri gyda phobl Dduw, ac ymddiried ynddo hefyd. Ymbiliodd am iddi hi a'i theulu gael eu harbed pan fyddai milwyr Josua yn ymosod ar Jericho. Yna dyma ollwng y sgowtiaid i lawr drwy'r ffenestr ar raff, ac i ddiogelwch. Cafodd hithau orchymyn i rwymo edau ysgarlad yn yr un ffenestr yn union. O aros yn y tŷ, fe fyddai hi a'i theulu yn berffaith ddiogel pan orchfygid Jericho. Mae awdur y llythyr at yr Hebreaid yn dyfynnu Rahab fel enghraifft annisgwyl o un yn meddu gwir ffydd yn Nuw.

Ymddiriedaeth lwyr

Yn awr, y mae ffydd yn warant o bethau y gobeithir amdanynt, ac yn sicrwydd o bethau na ellir eu gweld... ond heb ffydd y mae'n amhosibl rhyngu ei fodd ef. Oherwydd rhaid i'r sawl sy'n dod at Dduw gredu ei fod ef, a'i fod yn gwobrwyo'r rhai sy'n ei geisio.

HEBREAID 11:1, 6

'O Dduw, os wyt yn bod, helpa fi 'nawr ac fe greda i ynot ti!' Mae digon o bobl wedi gweddïo fel yna pan oedd hi'n galed arnynt neu pan oeddent mewn anobaith llwyr. Ond mae ychydig o obaith fel hyn yn gyfle i Dduw i ymateb. Weithiau mae pobl sydd wedi credu yn Nuw ers blynyddoedd yn cael cyfnodau o amheuaeth hefyd. 'Tybed ai twyll yw'r cyfan? Beth os nad yw Duw yn bod?' Un ffordd o wynebu amseroedd fel hyn yw rhoi mantais yr amheuaeth i Dduw. Dal ati fel pe baem *yn* credu - gofyn am ei help ynglŷn â'r pethau sy'n ein poeni. Mae ffydd yn tyfu gyda ffydd. Fe ddywedodd Iesu wrth ei ddisgyblion fod ffydd cymaint â hedyn mwstard yn gallu cyflawni pethau mawr. Mae hedyn, pa mor fychan bynnag, yn cynnwys bywyd. Fe all wreiddio a thyfu.

Profwch i mi!

Ac ymhen wythnos, yr oedd y disgyblion unwaith eto yn y tŷ, a Thomas gyda hwy. A dyma Iesu'n dod, er bod y drysau wedi eu cloi, ac yn sefyll yn y canol ac yn dweud, "Tangnefedd i chwi!" Yna meddai wrth Thomas, "Estyn dy fys yma. Edrych ar fy nwylo. Estyn dy law a'i rhoi yn fy ystlys. A phaid â bod yn anghredadun, bydd yn gredadun." Atebodd Thomas ef, "Fy Arglwydd a'm Duw!" Dywedodd Iesu wrtho, "Ai am i ti fy ngweld i yr wyt ti wedi credu? Gwyn eu byd y rhai a gredodd heb iddynt weld."

IOAN 20:26-28

Fe fyddem yn ffyliaid pe na baem yn gofyn am brawf o'r hyn sy'n cael ei honni - naill ai mewn hysbysebion neu mewn crefydd. Nid yw meddu ffydd yn golygu ein bod yn cael ein twyllo'n rhwydd. Mae lle i amheuaeth yn ogystal â ffydd. Ond nid tystiolaeth ein synhwyrau yw'r unig brawf o'r gwirionedd. Mewn perthynas agos rydym yn ymddiried yn y rhai yr ydym yn eu hoffi, hyd yn oed pan na fedrwn brofi eu bod yn iawn mewn ystyr wyddonol. Roedd Iesu wedi atgyfodi o farw, ac ar y Pasg cyntaf hwnnw fe ymddangosodd i'w ddisgyblion. Ond nid oedd Thomas yno ac ofer fu ymgais y disgyblion i'w argyhoeddi bod Iesu'n fyw. Roedd am brofi drwy weld a chyffwrdd. Ond *pan* welodd Iesu nid oedd arno angen yr un prawf gwyddonol. Trodd amheuaeth yn addoliad.

Gweddi'r Arglwydd

Ein Tad yn y nefoedd, sancteiddier dy enw; deled dy deyrnas; gwneler dy ewyllys, ar y ddaear fel yn y nef. Dyro inni heddiw ein bara beunyddiol; a maddau inni ein troseddau, fel yr ŷm ni wedi maddau i'r rhai a droseddodd i'n herbyn; a phaid â'n dwyn i brawf, ond gwared ni rhag yr Un drwg.

MATHEW 6:9-13

Roedd y weddi hon yn arfer bod ar gof llaweroedd o bobl. Fe gafodd ei hadrodd mewn aml i gongl gyfyng! Yn ogystal â bod yn weddi ardderchog yn ei rhinwedd ei hun, mae'r weddi yn rhoi canllawiau i ni sut i weddïo'n hunain. Mae Iesu'n ein hatgoffa bod Duw yn Dad i ni ac y medrwn fynd yn hyderus a naturiol ato. Ond gan ei fod yn y nefoedd fe gydnabyddwn ei fawredd hefyd. Yn gyntaf oll gweddïwn am i bwrpas Duw gael ei gyflawni. Yna gofynnwn am bethau materol, am faddeuant ac am ddiogelwch rhag y drwg. Mae'r Athro Barclay yn crynhoi'r weddi drwy ddweud bod Iesu'n ein dysgu '*to bring the whole of life to the whole of God, and to bring the whole of God to the whole of life*'.

Plîs gweddïwch drosta i!

Parhewch i weddïo yn ddyfal, yn effro, ac yn ddiolchgar. Gweddïwch yr un pryd drosom ninnau hefyd, ar i Dduw agor inni ddrws i'r gair, inni gael traethu dirgelwch Crist... Gweddïwch ar i mi ei amlygu.

COLOSIAID 4:2-4

Mae'n syndod gweld apostol mor fawr â Paul yn gofyn i Gristnogion gwylaidd a di-nod weddïo drosto ef. Ond roedd arno angen gweddïau Cristnogion eraill i'w gynnal fel pawb arall. Roedd yn sicr y medrai gweddi hyrwyddo'r ffordd i daenu'r newyddion da am Iesu ymhell ac agos. Mewn carchar yr oedd Paul pan ysgrifennai ond - er syndod i ni - ni ofynnodd i'w gyfeillion weddïo am iddo gael ei ryddhau. Roedd am fod yn siwr na fyddai'r ffaith ei fod wedi ei garcharu yn rhwystro'i gynlluniau i ledu'r efengyl. *Mae* Duw yn defnyddio gweddïau er mwyn cwrdd â'n hanghenion dyfnaf. Mae'n beth ardderchog cael cyfeillion sy'n gweddïo drosom ni; mae'n beth da ein bod ninnau hefyd y math o bobl sy'n barod i weddio dros eraill. Fel mae Paul yn dangos, mae'r math hwn o weddï yn gofyn am ddyfalbarhad ac ymdrech. Mae angen bod yn effro hefyd er mwyn adnabod y pethau pwysig i ofyn amdanynt.

Gweddïo gyda'n gilydd

...aeth i dŷ Mair, mam Ioan a gyfenwid Marc, lle'r oedd cryn nifer wedi ymgasglu ac yn gweddïo.Curodd wrth ddrws y cyntedd, a daeth morwyn, o'r enw Rhoda, i'w ateb. Pan adnabu hi lais Pedr nid agorodd y drws o lawenydd, ond rhedodd i mewn a mynegodd fod Pedr yn sefyll wrth ddrws y cyntedd. Dywedasant wrthi, "'Rwyt ti'n wallgof." Ond taerodd hithau mai felly yr oedd... Yr oedd Pedr yn dal i guro, ac wedi iddynt agor a'i weld, fe'u syfrdanwyd.

ACTAU 12:12-16

Mae rhyw hiwmor tawel yn adroddiad Luc o'r cwrdd gweddi hwn o eiddo'r eglwys fore. Pan gymerwyd Pedr i'r ddalfa gan Herod gellid bod bron yn siwr y dienyddid ef fel y digwyddodd i'r apostol Iago. Ond rhyddhawyd ef gan angel ac felly aeth ar ei union i dŷ Mair lle'r oedd y Cristnogion yn cwrdd. Ni fedrent gredu eu llygaid pan ymddangosodd Pedr! Hwyrach eu bod wedi anobeithio am iddo gael ei ryddhau, a'u bod yn gofyn i Dduw roi dewrder iddo i wynebu marw. Ond roedd gan Dduw waith eto ar gyfer Pedr a dyma ei ollwng yn rhydd i'w gyflawni. Pan ydym yn gweddïo gyda'n gilydd mae Duw yn ateb yn fwy gogoneddus nag y meiddiwn ei ddisgwyl.

Tosturi rhieni

"Myfi a fu'n dysgu Effraim i gerdded, a'u cymryd erbyn eu breichiau; ond ni fynnent gydnabod mai myfi oedd yn eu nerthu. Tywysais hwy â rheffynnau tirion ac â rhwymau caredig; bûm iddynt fel un yn codi'r iau, yn llacio'r ffrwyn, ac yn plygu i'w porthi."

HOSEA 11:3-4

Mae'r rhan fwyaf o bobl yn ymwybodol iawn mor rhwydd yw hi i frifo plentyn. Dyna pam y dangosir cymaint o ddicter tuag at y rhai sy'n troseddu yn eu herbyn. Mae llawer ohonom wedi cysuro plentyn, ei fwydo, neu ei helpu i ddechrau cerdded. Mewn amgylchiadau felly gall y 'dyn tyff' fod mor addfwyn a thyner ag unrhyw fam.

Roedd gwraig y proffwyd Hosea wedi ei adael am ddyn arall, gan ei adael ei hun i fagu ei dri phlentyn. Fe ddeallai'n iawn beth oedd ym meddwl Duw pan ddisgrifiai ei hun fel tad. Felly yn ei neges i Israel mae'n cymharu teimladau Duw tuag at ei bobl â theimladau tad tyner a gofalus at ei blant - yn barod i'w dal pe syrthient, i'w helpu i gerdded ar eu pennau eu hunain a'u cofleidio'n gariadus.

Calonnau caredig

Dywedodd Boas wrth Ruth... "Paid â mynd i loffa i faes arall... ond glŷn wrth fy llancesau i... Cefais wybod am y cwbl yr wyt ti wedi ei wneud i'th fam-yng-nghyfraith ar ôl marw dy ŵr... Bydded i'r Arglwydd dy wobrwyo am dy weithred."

RUTH 2:8, 11, 12

Roedd Boas yn ddyn busnes gwydn, yn Israeliad oedd yn berchen tir ac yn amaethwr, yn barod i fargeinion'n galed. Roedd Ruth yn weddw ifanc o wlad dramor, yn gyfrifol am ei mam-yng-nghyfraith oedd hefyd yn weddw. Fe ddigwyddodd Ruth ddewis y rhandir oedd yn perthyn i Boas. Fe ddilynodd hi'r medelwyr, gan loffa fel y caniateid gan y gyfraith Iddewig. Pan gyrhaeddodd Boas, nid ei chroesawu yn unig a wnaetth ond rhoi iddi fwyd a diod a chysgod rhag gwres canol dydd yn ogystal. Rhoddodd orchymyn i'w weithwyr i adael ŷd yn fwriadol er mwyn i Ruth gael peth ychwanegol. Gwahoddodd hi hefyd i ddod i'w gaeau dros amser y cynhaeaf. Efallai iddo gael ei ddenu gan ei phrydferthwch. Ond gwerthfawrogodd mor ffyddlon a charedig yr oedd hi wedi bod i Naomi, ac fe wyddai am eu hamgylchiadau truenus. Toddwyd ei ben busnes caled gan ei galon garedig. Do, fe'i priododd hi hefyd!

Caethwas ar ffo

Os wyt, felly, yn fy ystyried i yn gymar, derbyn ef fel pe bait yn fy nerbyn i. Os gwnaeth unrhyw gam â thi, neu os yw yn dy ddyled, cyfrif hynny arnaf fi.

PHILEMON 17, 18

Fe ddaw'r dyfyniad hwn o lythyr byr a ysgrifennodd Paul at ei hen gyfaill, Philemon. Roedd Onesimus i fynd â'r llythyr iddo'n bersonol. Yn ôl y stori roedd Onesimus yn gaethwas i Philemon, ond roedd wedi dianc i ffwrdd a chyrraedd Rhufain. Fel cyd-ddigwyddiad rhyfeddol (neu rywbeth mwy?) cwrddodd â Paul oedd yn y carchar yno. O dan ddylanwad Paul fe ddaeth Onesimus yn Gristion hefyd. Er mai dienyddio oedd y gosb i gaethwesion oedd wedi ffoi, mae Paul ac Onesimus yn sylweddoli mai'r peth iawn i'w wneud oedd dychwelyd ac wynebu'r canlyniadau. Fe wnaeth Paul yr hyn a allai drwy ysgrifennu llythyr tu hwnt o annwyl at ei gyfaill Philemon yn erfyn arno i groesawu Onesimus yn ôl, nid fel caethwas dan warth ond fel Cristion. Ni fedr beidio ag atgoffa Philemon mor ddyledus yw ef i Paul, gan wasgu arno yr un pryd i faddau i Onesimus. Ni pheidiodd caethwasiaeth am ganrifoedd, ond eisioes roedd hadau tosturi yn cael eu hau.

Gwrando ar gynlluniau Duw

Yr oedd yn yr eglwys yn Antiochia broffwydi ac athrawon... Tra oeddent hwy yn offrymu addoliad i'r Arglwydd ac yn ymprydio, dywedodd yr Ysbryd Glân, "Neilltuwch yn awr i mi Barnabas a Saul i'r gwaith yr wyf wedi eu galw iddo." Yna, wedi ymprydio a gweddïo a rhoi eu dwylo arnynt, gollyngasant hwy.

ACTAU 13:1-3

Fe all y Beibl fod yn bryfoclyd, yn peidio â dweud wrthym yr hyn yr hoffem ei wybod. Yn Actau - hanes y Cristnogion cyntaf a lledaenu'r Efengyl - fe ddywed Luc droeon bod yr Ysbryd Glân yn dweud wrth y Cristnogion ifanc beth y dylent hwy ei wneud. Ond nid yw'n dweud *sut.* Efallai mai dyma'r ffordd orau, nid ydym wedyn yn cyfyngu Duw i ryw un ffordd arbennig o weithredu. Efallai bod un o broffwydi'r eglwys wedi bod yn trosglwyddo gorchymynion Duw i'r lleill. Efallai eu bod yn clywed Duw yn llefaru oherwydd eu parodrwydd i wrando. Roeddent yn moli Duw ac yn gweddïo arno, ac hyd yn oed mynd heb fwyd er mwyn canolbwyntio ar yr hyn oedd ganddo i'w ddweud. Ac o glywed y cyfarwyddiadau roeddent yn ufuddhau.

Beth y mae Duw yn ei ddweud?

Bydded imi glywed yr hyn a lefara'r Arglwydd Dduw...

SALM 85:8

Mewn llawer o'r Salmau mae'r Salmydd yn gofyn i Dduw wrando arno. Mae'n arllwys ei ofidiau, ei helbulon, ei ofnau a'i geisiadau am help, ac yn ymbil ar i Dduw wrando ar ei weddi. Ond mae pethau'n wahanol yn y Salm hon. Mae'r Salmydd yn dymuno clywed Duw yn siarad ag *ef.* Mae'n rhwydd i weddi fod yn llawn geiriau - rhes o gwynion ac erfyniadau ar Dduw. Ac mae gwrando ar Dduw yn anodd. Nid yw ein synhwyrau fawr o gymorth inni. Ni fedrwn weld Duw ac ni fedrwn ei glywed. Nid yw'n rhwydd bod yn dawel a disgwyl - yn ansicr sut y bydd Duw yn siarad beth bynnag. Nid oes yr un patrwm pendant. Weithiau, wrth wrando, fe ddaw rhywbeth i'r meddwl i'n cysuro neu i'n symbylu i weithredu. Weithiau fe fydd adnodau yn dangos yn glir i ni beth yw llais Duw mewn amgylchiadau arbennig. Bryd arall, mae Duw fel pe bai'n fud, ond yn ddiweddarach fe sylweddolwn fod rhyw ddigwyddiad neu eiriau rhywun arall yn arwydd o ateb Duw. Mae angen credu - neu bod yn ffyddiog - y *bydd* Duw yn siarad â ni unwaith yr ydym yn barod i wrando.

Ymlonyddwch

Ymlonyddwch, a dysgwch mai myfi sydd Dduw... Y mae Arglwydd y lluoedd gyda ni, Duw Jacob yn gaer i ni.

SALM 46:10-11

Mae ymlacio a myfyrio yn amlwg iawn ar yr agenda mewn byd o ymdrafferthu, rhuthro a thyndra. Mae gwir angen llecynnau tawel, a gorffwys, i fedru dal straen bywyd modern. Yn awr, yn fwy nag erioed, fe gawn ein llethu gan synau a thwrw, sŵn yn cael ei gynyddu a'i leihau am yn ail. Mae awdur y Salm hon yn gwahaniaethu rhwng y byd terfysglyd o'i amgylch a sicrwydd di-ysgog Duw. Pan ddywed Duw, 'Ymdawela', fe olyga fwy na 'pheidio â rhuthro o gwmpas'. Mae'r gair Hebraeg yn gysylltiedig ag ymollwng neu achosi i syrthio. Mae rhai cyfieithiadau Saesneg yn cyfieithu 'calm down' neu 'stop fighting'. Duw sy'n dweud wrthym 'Ymlonyddwch'. Mae hi *yn* bosibl ymlacio wrth ymdawelu, hyd yn oed am ychydig funudau, a bod yn ymwybodol bod Duw yn Dduw. Mae ef wrth y llyw, mae yn ddigon mawr ac yn ddigon doeth i ddal problemau a phwysau'r byd. Fe fedr ddelio â'n problemau a'n tensiynau ni hefyd. Felly gadewch inni ymdawelu ac ymlacio!

Negeswyr Duw

Meddai Eseia: 'Gwelais yr Arglwydd yn eistedd ar orsedd uchel, ddyrchafedig, a godre'i wisg yn llenwi'r deml. Yr oedd seraffiaid yn galw ar ei gilydd,

"'Sanct, Sanct, Sanct yw Arglwydd y Lluoedd: y mae'r holl ddaear yn llawn o'i ogoniant..."

'Clywais yr Arglwydd yn dweud, "Pwy a anfonaf? pwy a â drosom ni?" Atebais innau, "Dyma fi, anfon fi."'

ESEIA 6:1-3, 8-9

Mae'r ffydd Gristnogol yn sôn, nid am ddynion a merched yn chwilio a darganfod Duw, ond am Dduw yn ei wneud ei hun yn hysbys i ni. Fe ddewisodd Duw amryfal ffyrdd i ddweud wrthym sut un ydyw. Cyn i Iesu ddod, ei negeswyr oedd y proffwydi. Nid datgelu'r dyfodol yn unig yr oeddent ond egluro hefyd sut un ydyw Duw - yn gariad, yn ffyddlon, yn gyfiawn ac yn sanctaidd. Fe ddewisodd Duw wahanol fathau o ddynion i fod yn broffwydi iddo. Roedd Eseia yn aristocrat, yn gartrefol yn y palas - ond dewiswyd bugeiliaid, pobyddion a rhai'n tyfu ffrwythau. Roeddent i gyd yn argyhoeddedig bod ganddynt neges oddi wrth Dduw ac fel rheol fe fyddai'n dechrau â'r geiriau: 'Dywedodd yr Arglwydd....' Ond nid dymïau tafleiswyr oeddent. Roedd eu personoliaeth a'u hamgylchiadau hwy yn llunio'r neges, ac yn penderfynu sut y cyhoeddent hi. Roeddent yn gyfathrebwyr medrus dros Dduw.

Y Beibl

Y mae pob Ysgrythur wedi ei hysbrydoli gan Dduw ac yn fuddiol i hyfforddi, a cheryddu, a chywiro, a disgyblu mewn cyfiawnder. Felly y darperir dyn Duw â chyflawn ddarpariaeth ar gyfer pob math o weithredoedd da.

2 TIMOTHEUS 3:16-17

Fe elwir Y Beibl weithiau yn Air Duw. Mae pobl ar hyd y canrifoedd ac ar draws y byd yn cydnabod bod y Beibl - a'i lyfrgell o lyfrau gan awduron gwahanol - yn unigryw. Fe ddefnyddiodd Paul y geiriau 'wedi ei ysbrydoli' amdano. Fe ysgrifennodd pobl gyffredin y geiriau o'u profiadau eu hunain, ond fe anadlodd Ysbryd Duw arnynt hwy hefyd fel bod eu geiriau yn neges Duw i ni.

Ceir pwyslais mawr heddiw ar i bobl gael cymwysterau iawn a phrofiad. Yn ôl Paul darllen, myfyrio ac ufuddhau i'r Beibl yw'r ffordd orau i ddatblygu yn y bywyd Cristnogol. Fe gawn y gwirionedd am Dduw ac am ein ffydd yn y Beibl; fe ddywed wrthym hefyd am y ffordd orau i fyw. Yn well na dim, fe gyfeiria'r Beibl ni at Iesu. Ef sydd yn rhoddi inni fywyd newydd a, thrwy'r Ysbryd Glân, yn ein cynorthwyo i fyw yn ôl dysgeidiaeth y Beibl.

Yr angen am hyfforddiant

Rhedodd Philip ato a chlywodd ef yn darllen y proffwyd Eseia, ac meddai, 'A wyt ti'n deall, tybed, beth yr wyt yn ei ddarllen?' Meddai yntau, 'Wel, sut y gallwn i, heb i rywun fy nghyfarwyddo?' Gwahoddodd Philip i ddod i fyny ato ac eistedd gydag ef.

ACTAU 8: 30-31

Fe ddisgrifiwn bobl y cyfryngau fel rhai'n cyfathrebu. Drwy bob dull a modd, fe ddefnyddiant eu doniau i'n helpu i ddeall. Mae'r rhan fwyaf ohonom yn ddyledus i'r rhai sydd yn ysgrifennu, neu ddarlledu neu'n ymddangos ar y teledu, ac yn llwyddo i'n cael i ddeall. Rydym i gyd yn 'arbenigwyr' mewn rhyw faes neu'i gilydd (ffiseg, neu gyfrifaduron, coginio neu siopa) ond yn hollol anwybodus mewn pynciau eraill. Mae arnom angen dynion a merched sy'n feistri ar eu pwnc, ond sydd hefyd yn medru egluro dirgelion eu pwnc i bobl eraill.

Yn ein stori, mae yna swyddog uchel - yn ben ar drysor brenhines yr Ethiopiaid - wedi prynu sgrôl o broffwydoliaeth Eseia ac yn ei darllen yn uchel. Ond roedd yn hollol ddryslyd oherwydd nid oedd yn deall yr ystyr. Mae Philip, ar ôl ei symbylu gan yr Ysbryd Glân, yn dringo i'w ochr, ac yn egluro'r darn iddo. Fel yr oedd Philip yn siarad ag ef am Iesu, gwawriodd y goleuni arno.

Troedio'r llwybr iawn

Ofn yr Arglwydd yw dechrau gwybodaeth. Paid â bod yn ddoeth yn dy olwg dy hun.

DIARHEBION1:7; 3:7

Mae'n ein synnu weithiau fod y bobl academaidd glyfraf yn rhai gwylaidd iawn. Fe ddywedodd Socrates mai'r person doethaf oedd yr un oedd yn sylweddoli mor ychydig a wyddai. Fe ddylai gwybodaeth a dysg ein gwneud yn wylaidd, nid yn falch. Mae rhai o'n gwyddonwyr blaenaf - heddiw a ddoe - yn cydnabod na fedrant esbonio'r rhyfeddodau a welant ond drwy gredu mewn Duw, Crëwr y bydysawd. Rhaid cael doethineb i gydnabod bod yna allu mwy na ni, ac mae cydnabod nad bodau dynol sy'n cynrychioli pegynnau uchaf cyrhaeddiad yn gofyn am ddoethineb arbennig wedi'i sylfaenu ar wyleidd-dra. Mae llyfr y Diarhebion - rhan o lenyddiaeth doethineb y Beibl - yn sylwi ar hyn. Mae gwir ddoethineb i'w weld yn y rhai sy'n barod i blygu i ddeallusrwydd a gallu mwy na hwy. Pan gredwn yn Nuw fel sail i'n hastudiaeth rydym ar y llwybr iawn. Heb hynny, fe fydd balchder dynol a'r awydd am ein dyrchafu'n hunain yn ein troi oddi ar lwybr y gwirionedd.

Gwobr doethineb?

Dyma hefyd y ddoethineb a welais, ac yr oedd yn hynod yn fy ngolwg: yr oedd dinas fechan, ac ychydig o ddynion ynddi; ymosododd brenin nerthol arni ac adeiladu gwarchae cryf yn ei herbyn. Yr oedd ynddi ddyn tlawd a doeth, ac fe waredodd ef y ddinas trwy ei ddoethineb; eto ni chofiodd neb am y dyn tlawd hwnnw. Ond yr wyf yn dweud bod doethineb yn well na chryfder, er i ddoethineb y dyn tlawd gael ei dirmygu, ac i'w weithredoedd fod yn ddi-sôn-amdanynt.

PREGETHWR 9:13-16

Daw'r stori hon o lyfr hynod yn y Beibl, llyfr yn llawn o amheuaeth a siom. Mae'r awdur, sy'n edrych ar y sefyllfa o'r tu allan, yn dod i ddau gasgliad am ddoethineb, ar ôl clywed y wers lesol am y ddinas a gafodd ei hachub gan rywun distadl iawn. Nid eiddo'r rhai dylanwadol neu'r rhai cydnabyddedig garismatig yn unig yw doethineb; mae i'w weld mewn pobl ac mewn lleoedd annisgwyl. Mae'r awdur hefyd yn cydnabod nad yw cyngor doeth bob amser yn cael ei wobrwyo fel y dylai, gwaetha'r modd. Os ydych chi'n un o'r bobl mewn ffafr fe gewch ddigon o glod. Os ydych yn un o'r bobl ddinod - nid oes neb yn cofio nac yn rhoi clod i chi. Ai sinig ynteu realydd yw'r awdur?

Gormod o astudio?

Cymer rybudd, fy mab... Y mae cyfansoddi llyfrau yn waith di-ddiwedd, ac y mae astudio dyfal yn flinder i'r corff.

PREGETHWR 12:12

Gormod o ddim nid yw dda, meddai'r ddihareb. Roedd yr athronydd - neu'r athro doethineb - a ysgrifennodd y llyfr hwn yn credu y dylid cyfyngu ar amser astudio hyd yn oed, ac mae'n siwr bod yna ddigon o ddisgyblion ysgol a myfyrwyr a fyddai'n cytuno'n llwyr. Mae llawer iawn o bobl ifanc dan bwysau mawr i gyflawni, ac felly hefyd yr ysgolion a'r colegau y maent yn eu mynychu. Mewn rhai gwledydd mae cyfradd uchel o hunanladdiadau ymhlith yr arddegau oherwydd y pris uchel a roir ar lwyddiant academaidd. Ond fe ddylai'r myfyriwr wrth reddf brofi bod yna fwy i fywyd nag astudio. Mae bod yn iach ac yn berson cyflawn, datblygu ymhob maes a chanfod doniau naturiol yn bwysig - efallai'n bwysicach na llwyddiant academaidd. Mae dysgu byw bywyd llawn a medru cynnal perthynas â Duw ac ag eraill o'r pwys mwyaf. Mae'r athronydd yn diweddu ei lyfr fel hyn: 'Wedi clywed y cyfan, dyma swm y cyfan: Ofna Dduw a chadw ei orchmynion, oherwydd dyma ddyletswydd pob dyn.'

Cerdded llwybr Duw

Yn y cyfamser yr oedd y disgyblion yn cymell Iesu, gan ddweud, 'Rabbi, cymer fwyd.' Dywedodd ef wrthynt, "Y mae gennyf i fwyd i'w fwyta na wyddoch chwi ddim amdano." Ar hynny, dechreuodd y disgyblion ofyn i'w gilydd, "A oes rhywun, tybed, wedi dod â bwyd iddo?" Meddai Iesu wrthynt, "Fy mwyd i yw gwneud ewyllys yr hwn a'm hanfonodd, a gorffen y gwaith a osododd ef arnaf."

IOAN 4: 31-34

Roedd hi'n ganol dydd ac yn boeth iawn. Roedd Iesu wedi bod yn eistedd wrth y ffynnon tra bu'r disgyblion yn siopa yn y dref gyfagos. Fe gyraeddasant yn ôl, wedi blino, ac yn disgwyl y byddai Iesu'n barod am bryd o fwyd. Ond roedd gan Iesu fwy o ddiddordeb mewn diwallu'r newyn am Dduw yng nghalon y wraig yr oedd wedi bod yn siarad â hi - ac yn y bobl o'r dref yr oedd hi wedi bod yn eu cyrchu yno. Roedd ei awydd i wneud gwaith Duw mor fawr nes ei fod yn gryfach na newyn corfforol. Ond nid dewis hawdd oedd gwneud ewyllys ei Dad. Y noson cyn ei farwolaeth fe fu Iesu'n gweddïo'n ingol y byddai Duw yn cymryd cwpan dioddefaint ymaith. Ond ei weddi bennaf oedd: 'Ond gwneler dy ewyllys *di*, nid fy ewyllys *i* .' Fe orffennodd y gwaith yr oedd Duw wedi'i roi iddo i'w wneud.

Amser penderfynu

Yna atebodd Paul, "Beth yr ydych yn ei wneud, yn wylo ac yn torri fy nghalon? Oherwydd yr wyf fi'n barod nid yn unig i gael fy rhwymo, ond hyd yn oed i farw, yn Jerwsalem, er mwyn enw'r Arglwydd Iesu." A chan nad oedd perswâd arno, tawsom gan ddweud, "Gwneler ewyllys yr Arglwydd."

ACTAU 21: 13-14

Roedd Paul a'i gyfeillion yn teithio i Jerwsalem wedi taith galed o bregethu dramor, pan gyfarfu Agabus, proffwyd teithiol, â hwy. Mewn gweithred ddramatig cymerodd wregys Paul, clymu ei ddwylo a'i draed ei hun, a dweud wrth Paul y câi ei gymryd i'r ddalfa a'i glymu felly yn Jerwsalem. Roedd cyfeillion Paul wedi'u llorio a buont yn erfyn arno i newid ei gynlluniau. Ond gwrthod a wnaeth Paul. Nid a oedd yn iawn ai peidio sy'n bwysig. Yn y pendraw, ni all neb ddweud wrthym ni beth sy'n iawn ar ein cyfer ni. Unwaith ein bod ni'n siwr, rhaid i ni lynu wrth ein penderfyniad. Ac os ydym yn gyfeillion gofalgar, ni ddylem geisio newid meddwl rhywun ynglŷn â phenderfyniad felly. Ein gwaith ni yw cefnogi a gweddïo - fel y gwnaeth cyfeillion Paul - am i ewyllys Duw gael ei chyflawni.

Fyddwch chi byth ar eich pen eich hun

Dywedodd Moses wrth yr Arglwydd, "Edrych, yr wyt yn dweud wrthyf am ddod â'r bobl hyn i fyny, ond nid wyt wedi rhoi gwybod i mi pwy yr wyt am ei anfon gyda mi..." Atebodd yr Arglwydd, "Byddaf fi fy hun gyda thi, a rhoddaf i ti orffwys." Dywedodd Moses wrtho, "Os na fyddi di dy hun gyda mi, paid â'n harwain ni ymaith oddi yma."

EXODUS: 33: 12, 14-15

Roedd y baich o arwain yr Israeliaid trwy'r anialwch i Wlad yr Addewid fel pe bai'n fwy nag y gallai Moses ei wynebu. Roedd ffordd haerllug y bobl o dorri cyfraith Duw yn bygwth torri'r cysylltiad rhyngddynt ac ef. Wedi iddi fynd i'r pen arno fe ofynnodd Moses i Dduw beth oedd am ei wneud. Roedd Moses ei hun am gael perthynas agosach â Duw - i ddod i'w adnabod yn well - ac i fod yn siwr y byddai Duw gyda hwy i gyd. Mewn ateb, fe addawodd Duw fod gydag ef, a rhoi gorffwys iddo o gyfrifoldeb diddiwedd a phryder. Cyn i Iesu adael y byd hwn fe addawodd i'w ddisgyblion y byddai ef gyda *hwy* hefyd, hyd ddiwedd y byd. Ac ym mherson yr Ysbryd Glân y mae gyda'i ganlynwyr o hyd, bob cam o'r ffordd.

Y ffordd y dechreuodd

Rhoddodd yr Arglwydd Dduw orchymyn i'r dyn, a dweud, "Cei fwyta'n rhydd o bob coeden yn yr ardd, ond ni chei fwyta o bren gwybodaeth da a drwg..."
A phan ddeallodd y wraig fod y pren yn dda i fwyta ohono, a'i fod yn deg i'r golwg ac yn bren i'w ddymuno i beri doethineb, cymerodd o'i ffrwyth a'i fwyta, a'i roi hefyd i'w gŵr, a bwytaodd yntau.

GENESIS 2:16-17; 3:6

Mae llawer o bobl yn siarad fel pe bai'r stori am gwymp Adda ac Efa yn y Beibl yn naïf, rhyw stori tylwyth teg yr ydym wedi tyfu allan ohoni. Ond po fwyaf y darllenwn benodau cyntaf Genesis, mwyaf i gyd y gwelwn y dyfnder a'r haenau o ystyron yn y stori hen ffasiwn dybiedig. Fe adroddir hanes am ŵr a gwraig yn byw bywyd fel y bwriadwyd ei fyw - mewn perthynas glòs, gariadus â Duw, eu Crëwr, ac â'i gilydd. Fe ganfyddwn fod y demtasiwn i chwilio posibiliadau y ffrwyth gwaharddedig yn golygu anufuddhau i Dduw. A dyma ddifetha byd perffaith Duw. Duw, nid yr hunan, sydd i fod yn ganolbwynt i'n bywydau. Pan yw mynnu'n ffordd ein hunain yn cymryd lle ufudd-dod i Dduw, mae popeth yn dechrau mynd o'i le.

Gall ufudd-dod frifo

Yn nyddiau ei gnawd, fe offrymodd Iesu weddïau ac erfyniadau, gyda llef uchel a dagrau, i'r hwn oedd yn abl i'w achub rhag marwolaeth, a chan gael gwrandawiad, fe'i rhyddhawyd o ofn. Er mai Mab ydoedd, dysgodd ufudd-dod drwy'r hyn a ddioddefodd.

HEBREAID 5: 7-8

Fe all plant fod yn barod i ufuddhau pan yw'r hyn sydd ar eu rhieni ei eisiau yn unol â'u dymuniadau hwy. Daw'r anghydfod pan na fedrir cyd-weld! Roedd Iesu yn barod i wneud yr hyn yr oedd ar Dduw ei eisiau pa un a oedd hyn yn gweddu i'w gynlluniau ef neu beidio. Pe bai ffordd Duw wedi bod yn rhwydd a phleserus iddo ni fyddem ni'n gwybod i sicrwydd a fyddai Iesu yn gwbl ufudd beth bynnag oedd ewyllys Duw ar ei gyfer. Fe ddaeth y prawf tyngedfennol pan sylweddolodd Iesu mai'r groes oedd y ffordd a ddewisodd Duw iddo i ymladd grym y drwg a gweithredu pwrpas ei Dad. Gweddïodd yn angerddol y byddai Duw yn symud y cwpan dioddefaint hwn, ond yn ei ing eithaf gweddïodd hefyd i ewyllys ei Dad fod o'r pwys pennaf, nid ei un ef. Fe ddysgodd Iesu y ffordd anodd beth oedd ufuddhau i Dduw yn ei olygu.

Caru ac ufuddhau

Byddwch yn ofalus i gadw'r cwbl yr wyf yn ei orchymyn i chwi, a charu'r Arglwydd eich Duw, a dilyn ei lwybrau ef i gyd, a glynu wrtho.

DEUTERONOMIUM 11:22

Pan ydym yn blant, fe wnawn yr hyn a ofynnir i ni oherwydd fe wyddom, oni wnawn, y bydd hi'n ddrwg arnom neu y byddwn yn colli rhywbeth y mae arnom ei eisiau. Anaml iawn y mae gan ufudd-dod unrhyw beth i'w wneud â chariad. Ond yn y Beibl mae'r ddau yn mynd gyda'i gilydd o hyd. Os meddyliwn am yr Hen Destament fel cyfrol yn llawn o reolau, a'r pwyslais ar 'dylem' neu 'mae'n rhaid' yn hytrach na 'mae arnom eisiau', mae llyfr Deuteronomium yn dangos ein bod yn anghywir. Fe arweiniodd Moses ei bobl o'r Aifft i gyrion Gwlad yr Addewid a rhoi iddynt orchmynion Duw fel arwydd pwysig o'r cysylltiad agos rhwng Duw ac Israel a wnaed yn y cyfamod. Cyflwynir Deuteronomium fel cyfarchiad ffarwél Moses i'r bobl cyn iddo farw. Ni welai ufuddhau i Dduw yn nhermau cadw rheolau. Drosodd a thro yn Deuteronomium mae'n cysylltu ufudd-dod â chariad. Nid meistr caled yw Duw ond Tad llawn cariad sydd yn gwybod beth sydd orau i'r dynion a'r merched a greodd. Mae'r rhai sy'n ymateb iddo mewn cariad am ufuddhau iddo a chadw ei orchymynion.

Cân rhyddid

Pan aeth meirch Pharo a'i gerbydau a'i farchogion i mewn i'r môr, gwnaeth yr Arglwydd i ddyfroedd y môr ddychwelyd drostynt; ond cerddodd yr Israeliaid trwy ganol y môr ar dir sych. Yna cymerodd Miriam dympan yn ei llaw, ac aeth yr holl wragedd allan ar ei hôl a dawnsio gyda thympanau. Canodd Miriam gân iddynt:
'Canwch i'r Arglwydd am iddo weithredu'n fuddugoliaethus; bwriodd y ceffyl a'i farchog i'r môr.'

EXODUS 15:19, 20-21

Am flynyddoedd fe fu'r Israeliaid yn gaethweision. Roeddent yn cael eu camdrin a'u curo gan feistriaid yr Aifft, a'u gorfodi i gynhyrchu nifer afresymol o briddfeini bob dydd ar gyfer cynlluniau adeiladu'r Pharo. Fe gaent eu trin yn warthus a chreulon. Ond clywodd Duw eu cri ac ar ôl i allu Duw gael ei amlygu nifer o weithiau, arweiniodd Moses, eu harweinydd, hwy o'r Aifft i'r wlad yr oedd Duw wedi ei haddo iddynt. Pan ddilynwyd hwy gan gerbydau rhyfel Pharo roedd yn edrych fel pe bai eu gobaith am ryddid ar ben. Fe achubodd Duw hwy yn wyrthiol ac roedd gormes yr Aifft o'r tu cefn iddynt am byth. Nid yw'n syndod eu bod ar ôl hyn yn dathlu croesi'r Môr Coch fel *yr* achubiaeth fawr yn hanes Israel. Roedd Duw wedi rhoi rhyddid iddynt!

Gwir ryddid

Yna dywedodd Iesu wrth yr Iddewon oedd wedi credu ynddo, 'Os arhoswch chwi yn fy ngair i, yr ydych mewn gwirionedd yn ddisgyblion i mi. Cewch wybod y gwirionedd, a bydd y gwirionedd yn eich rhyddhau... Yn wir, yn wir, 'rwy'n dweud wrthych fod pob un sy'n cyflawni pechod yn gaethwas i bechod. Ac nid oes gan y caethwas le arhosol yn y tŷ, ond y mae'r mab yn aros am byth. Felly os yw'r mab yn eich rhyddhau chwi, byddwch yn rhydd mewn gwirionedd.'

IOAN 8:31-32, 34-36

Mae'n ddigon rhwydd meddwl bod gwasanaethu Duw yn golygu colli rhyddid. Onid yw bod yn was i Dduw yn golygu cwtogi ar ddyheadau personol? Fel arall yn union, meddai Iesu. Mae'r sawl sy'n treulio'i fywyd i'w blesio'i hun yn unig yn sylweddoli'n fuan ei fod yn garcharor i feddyliau, arferion neu weithredoedd na fyddai'n eu dewis o'i wirfodd. Fe all diwallu hunan lesteirio gwir ryddid. Fe greodd Duw ddynion a merched yn y fath ffordd fel y byddent yn cael gwir foddhad a rhyddid wrth ei roi ef - nid hunan - yn ganolbwynt i'w bywyd. Roedd Iesu yn mynd i roi ei fywyd ei hun er mwyn rhyddhau dynoliaeth. Fel Mab Duw mae ganddo yr awdurdod a'r gallu i symud yr hualau sy'n dal pobl yn gaeth. Mae gwir ryddid i'w gael o ddod yn ddisgybl iddo ac ufuddhau i'w orchymynion.

Pobl mewn carchar

Cofiwch y carcharorion, fel pe byddech yn y carchar gyda hwy; a'r rhai a gamdrinir, fel pobl sydd â chyrff gennych eich hunain.

HEBREAID 13: 3

Bob blwyddyn fe deflir miloedd o bobl i garchar am ddim byd mwy na'u bod yn credu'r hyn a waherddir gan eu llywodraeth arbennig. Mae llaweroedd yn Gristnogion. Fe ddylem ni sydd yn byw mewn gwledydd rhydd geisio ffyrdd i gynorthwyo ein brodyr a'n chwiorydd sydd yn dioddef oherwydd eu ffydd. Fe allwn gael eu hanes, a cheisio deall eu sefyllfa a'u dioddefaint fel y gweddïwn drostynt. Efallai ei bod yn bosibl ysgrifennu atynt neu gynorthwyo eu teuluoeddd drwy fudiadau sy'n gwneud y gwaith. Fe ddylem ni sefyll yn gadarn gyda hwy oherwydd eu bod yn amddiffyn y ffydd mor ddewr.

Gweddi Cristion mewn Carchar

Deui drwy waliau cerrig trwchus, heibio gwylwyr arfog a bariau; daethost â nen serennog i mi ac rwyt yn holi am hyn a'r llall. Ti yw fy Mhrynwr. Rwy'n dy adnabod. Ti yw fy ffordd, fy ngwirionedd a'm bywyd. Mae hyd yn oed y seler yn blodeuo gan sêr, mae heddwch a goleuni yn disgleirio. Rwyt yn taenu geiriau prydferth arnaf fel blodau: 'Fy mab, beth 'rwyt ti'n ei ofni? Yr wyf i gyda thi!'

VIKTORAS PETKUS, LITHUANIA

Dod â chyfanrwydd inni

...nid oedd na phryd na thegwch iddo... yn ŵr clwyfedig, cyfarwydd â dolur... Eto, ein dolur ni a gymerodd, a'n gwaeledd ni a ddygodd... Ond fe'i harchollwyd am ein troseddau ni, a'i glwyfo am ein hanwireddau ni... a thrwy ei gleisiau ef y cawsom ni iachâd.

ESEIA 53: 2,3,4,5

Fe hoffai llawer ohonom yn y byd datblygedig gredu yn y posibilrwydd o fyd heb boen. Fe gredwn y dylai fod yna wellhad i bob afiechyd - os nad yn y presennol, wel yn bur fuan - a chyffur i leddfu poen emosiynol a phryder. Ond mae'n edrych fel pe bai dioddefaint yng ngwead y byd. Pan oedd Iesu ar ein daear fe iachaodd gyrff pobl, eu meddyliau, eu hemosiynau a'u problemau ysbrydol. Fe'u gwnaeth hwy'n gyfan. Ond nid gwneud hyn fel pe bai ganddo ffon dewin a wnâi. Fe gostiai yn ddrud iddo'n bersonol. Nid edrych mewn cydymdeimlad ar alar a dioddefaint dynoliaeth a wnaeth. Cymerodd arno'i hun boen a dioddefaint y byd, a'n natur ddrylliedig, drwy ddioddef a marw drosom. Gannoedd o flynyddoedd cyn ei ddyfod fe ddisgrifiodd Eseia was yr Arglwydd, a'i cyflwynai ei hun i wneud eraill yn gyfan. Cyflawnodd Iesu hyn.

Rysáit y bywyd iach!

Paid â bod yn ddoeth yn dy olwg dy hun; ofna'r Arglwydd, a chilia oddi wrth ddrwg. Bydd hyn yn foddion i'th gadw mewn iechyd, ac yn feddyginiaeth i'th gorff.

DIARHEBION 3:7-8

Mae meddygon yn cydnabod fwyfwy bod yn rhaid edrych ar bersonoliaeth gyfan cleifion. Fe welir yn awr fod tarddiad llawer o afiechydon ymhell y tu hwnt i'r symptomau corfforol. Problemau heb eu datrys, euogrwydd, cysylltiadau sy'n achosi straen, hunan-dwyll a gwneud pethau sydd o le - maent i gyd yn cael effaith ar iechyd y corff. Ni fedr awdur y Diarhebion addo iechyd perffaith, ond mae'n awgrymu ffordd arbennig o fyw a fydd yn gymorth inni deimlo'n iach a chael tawelwch meddwl. Yn gyntaf, apelia ar ei ddarllenwyr i adnabod cyfyngiadau eu galluoedd. Mae meddwl amdanom yn ddoethach ac yn alluocach nag yr ydym, yn sicr o arwain at straen. Yna mae'n awgrymu byw bywyd yn unol â chyfreithiau Duw. Mae gorchmynion Duw yn ein harwain i lwybrau sydd er ein lles ni ac er lles eraill. Yn olaf fe ddywed wrthym am ddweud 'Na' wrth yr hyn sy'n amlwg yn anghywir, fel y gallwn fyw â chydwybodau tawel. Mae'r ffordd honno o fyw o leiaf cystal â'r feddyginiaeth orau.

'Sut ydych chi?'

Gyfaill annwyl, yr wyf yn dymuno iechyd iti, a llwyddiant ym mhob peth, fel mae dy enaid yn llwyddo.

3 IOAN 2

Rhoddir pwyslais mawr heddiw ar ymarfer corff ac iechyd da. Ceisiwn gadw'r rheolau ynglŷn â bwyta'n iach ac yfed, ac os cymerwn y cyngor diweddaraf â phinsed o halen (byddai mwy yn ddrwg i ni!) gallwn fwyta ac yfed er mwyn cael bywyd iach. Mae llawer ohonom yn cymryd ein hymarferion o ddifri gan fynd ati'n rheolaidd, neu'n cerdded fel ffordd o gadw'n iach. Yn y llythyr byr hwn at Gaius, mae Ioan yn poeni am iechyd ei gyfaill, ond mae'n cael cysur a llawenydd o wybod bod Gaius yn iach yn y ffydd. Mae hi mor rhwydd anwybyddu yr iechyd *hwnnw*. Wrth esgeuluso yr 'ymarfer' o weddïo a darllen y Beibl, o fyfyrio ac addoli, o gyffesu a derbyn maddeuant, ac yn hytrach ein 'bwydo'n' hunain â phob math o sothach - yn ein darllen, gwylio a meddwl - fe awn yn gloff yn ysbrydol. Mae llai o siarad am fod yn iach yn y ffydd er ei fod gymaint pwysicach na bod yn gorfforol iach!

I dangnefedd

Ac wrth y wraig meddai, "Y mae dy bechodau wedi eu maddau." Yna dechreuodd y gwesteion eraill ddweud wrthynt eu hunain, "Pwy yw hwn sydd hyd yn oed yn maddau pechodau?" Ac meddai wrth y wraig, "Y mae dy ffydd wedi dy achub di; dos mewn tangnefedd."

LUC 7:48-50

Roedd y gwesteion a ddaeth i'r pryd bwyd moethus hwn wedi eu cythruddo. Fe gafodd Iesu ei wahodd gan Simon, oedd yn grefyddol ond yn nawddoglyd ac yn anghwrtais tuag at Iesu. Tebyg eu bod yn bwyta allan o dan gysgod coeden a sŵn dŵr gerllaw. Ond torrwyd ar y tawelwch pan gerddodd gwraig i mewn - fel y digwyddai ar brydiau - a chan wylo cerddodd at Iesu. Arllwysodd fyrr gwerthfawr ar ei draed, a'u sychu a'i gwallt hir. Roedd pawb yn ei hadnabod hi fel putain amlwg, a dyma ddechrau beirniadu Iesu am iddo adael iddi fynd yn agos ato. Ond fe welodd ef gariad ac edifeirwch yn ei chalon yn ogystal â ffydd, a dyma faddau'n rhwydd iddi. Yna fe ddywedodd: 'Dos mewn tangnefedd'. Fe ddywedai'r Rabbiniaid mai wrth y marw yn unig y dylid dweud, 'Dos mewn tangnefedd'. 'Dos *i mewn i* dangnefedd' oedd y geiriau i'w dweud wrth y byw. Roedd cwrdd â Iesu wedi arwain y wraig hon, fel aml un arall, i fywyd cyflawn newydd a llesol.

Tangnefedd yn cadw gwyliadwriaeth!

Peidiwch â phryderu am ddim, ond ym mhob peth gwneler eich deisyfiadau yn hysbys i Dduw trwy weddi ac ymbil, ynghyd â diolchgarwch. A bydd tangnefedd Duw, sydd goruwch pob deall, yn gwarchod dros eich calonnau a'ch meddyliau yng Nghrist Iesu.

PHILIPIAID 4:6-7

Fe ysgrifennodd Paul y llythyr hwn o garchar, ac yntau'n ddiogel o dan warchae milwyr Rhufeinig. Disgwyliai i gael gwybod a oedd i gael ei roi i farwolaeth ai peidio. Rhaid ei bod yn amser gofidus. Ond roedd Paul wedi cael ateb i broblem poeni. Fe brofodd dangnefedd Duw, oedd yn ei gysgodi rhag y pryderon a ddeuai rhyngddo ef a'i ymddiriedaeth yn Nuw. Roedd Philipi yn dref warchodlu, felly roedd darllenwyr Paul yn gyfarwydd â gweld y ceidwaid Rhufeinig. Mae Paul yn cymharu tangnefedd Duw â milwr ar wyliadwriaeth barhaus, yn cadw ymosodiadau gan bryder ac ofn draw. Mae'r gwarchodwr hwn ar ddyletswydd bob amser, yn arbennig yn oriau'r nos pan yw'r gofidiau fel pe baent yn fwy. Ond i fwynhau'r tangnefedd hwn rhaid i'r darllenwyr fod yn barod i arllwys eu problemau a'u hanghenion i Dduw, ac yn ddiolchgar gofio am ei gariad a'i ddaioni. Yna fe fedrant ymlacio a rhoi eu hymddiriedaeth yn Iesu Grist, rhoddwr tangnefedd.

Crist ein tangnefedd

Oherwydd ef yw ein heddwch ni. Gwnaeth y ddau, yr Iddewon a'r Cenhedloedd, yn un, wedi chwalu drwy ei gnawd ei hun y canolfur o elyniaeth oedd yn eu gwahanu... er mwyn cymodi'r ddau â Duw, mewn un corff, trwy'r groes; trwyddi hi fe laddodd yr elyniaeth.

EFFESIAID 2:14, 16

Mae llawer ohonom yn cofio'r cyffro pan dynnwyd Mur Berlin i lawr. Roedd y mur yn llythrennol yn rhwystro pobl Dwyrain a Gorllewin Berlin rhag cyfathrachu â'i gilydd. Hefyd roedd yn symbol o'r agendor rhwng comiwnyddiaeth a chyfalafiaeth. Yn amser Paul roedd yr agendor rhwng Iddewon a Chenedl-ddynion yr un mor fawr. Yn eu hachos hwy symbol o hyn oedd y mur yng nghyntedd y Deml yn Jerwsalem a gadwai'r Cenhedloedd allan - ar boen eu bywyd. Mae'n drasig meddwl bod gwahaniaethau o hyd rhwng cenhedloedd a chrefyddau, yn aml yn arwain i dywallt gwaed a lladd erchyll, yn ogystal ag i elyniaeth a gwahanu pobl. Ond fe ddaw Paul â newydd da. Yn ogystal â dod â heddwch tuag at Dduw, daw Iesu, drwy ei farw â heddwch rhwng pobl sy'n elyniaethus i'w gilydd. Mae'r pren sy'n sefyll ar ei draed yng nghroes Iesu yn ein cysylltu â Duw uchod, ac mae'r pren traws yn peri inni ymestyn allan at Gristnogion eraill beth bynnag fo'r gwahaniaethau naturiol rhyngom ni.

Gweithredoedd yn fwy hyglyw na geiriau

Gwrandewch hyn, chwi sy'n sathru'r anghenus ac yn difa tlodion y wlad, ac yn dweud... "Pa bryd y mae'r saboth yn diweddu, inni roi'r grawn ar werth, inni leihau'r effa a thrymhau'r sicl, inni gael twyllo â chloriannau anghywir, inni gael prynu'r tlawd am arian a'r anghenus am bâr o esgidiau, a gwerthu ysgubion yr ŷd?"

AMOS 8:4, 5-6

Nid oedd Amos a daranai yn yr wythfed ganrif CC, yn broffwyd proffesiynol. Bugail ydoedd ac un yn tyfu ffrwythau, ac efallai mai wrth fynd i drefi'r gogledd i werthu ei nwyddau y sylweddolodd y gweithredu pechadurus oedd yn digwydd yn y marchnadoedd. Fe ddywedodd wrth y bobl beth fyddai canlyniadau eu byw anghyfiawn ac annynol.

Cystwyodd yr awch anniwall oedd gan wragedd y marchnatwyr am ddillad crand a'r drutaf o'r gwinoedd. Roedd yn chwerw ei eiriau yn erbyn y rhai a werthai weddillion gwenith am grocbris yn ogystal â rhoi pwysau prin, a chymryd yn gaethweision y rhai oedd heb fod mewn fawr o ddyledion. A'r rhain oedd y bobl oedd yn rhy grefyddol i golli un gwasanaeth ar y Saboth!

Gofynion Duw

Dywedodd wrthyt, ddyn, beth sydd dda, a'r hyn a gais yr Arglwydd gennyt: dim ond gwneud beth sy'n iawn, caru ffyddlondeb, a rhodio'n ostyngedig gyda'th Dduw.

MICHA 6:8

Mae'r geiriau hyn yn cael eu cyfrif fel y rhai prydferthaf yn yr Hen Destament. Ond nid aristocrat huawdl oedd Micha. Un o'r wlad oedd ef, fel Amos, ac nid oedd eiddo eithriadol y cyfoethogion newydd yn y ddinas yn denu dim arno. Fe geisiodd bwnio'r wers i bennau'r bobl na fedrir plesio Duw â rhoddion costus ac aberthau sy'n cael eu gwneud gan y rhai llygredig ac anghyfiawn. Mae Micha yn gwbl ymarferol â'i draed ar y ddaear er iddo ysgrifennu'n farddonol hyfryd. Y rhoddion sydd wrth fodd Duw yw ffrwythau'r bywyd da - wedi eu dangos mewn gweithredu cyfiawnder, caru ffyddlondeb a rhodio'n ostyngedig yn ffyrdd Duw. Mor aml yr oedd y cyfoethogion wedi gwneud eu harian drwy fanteisio'n ddidostur ar y tlawd. Hyd yn oed heddiw, mae llawer o'r hyn a brynwn wedi eu cynhyrchu mewn amgylchiadau a fyddai'n ein dychryn. Fe ddylai'r rhai sy'n hawlio bod yn bobl Dduw ddangos priodoleddau Duw, cyfiawnder a charedigrwydd. Dyma'r offrymau y bydd Duw yn barod i'w derbyn.

Barn â chyfiawnder

Edrychodd Duw heibio, yn wir, i amserau anwybodaeth; ond yn awr mae'n gorchymyn i ddynion fod pawb ym mhob man i edifarhau, oblegid gosododd ddiwrnod pryd y bydd yn barnu'r byd mewn cyfiawnder trwy ŵr a benododd.

ACTAU 17:30-31

Fe glywn ni ddigon am fethiant ein llysoedd i weithredu cyfiawnder. Gyda'r ewyllys orau yn y byd, nid yw dynion a merched yn gwneud dyfarniad cywir bob tro. Ond *fe ddylai* barn a chyfiawnder fynd gyda'i gilydd, ac mae hyn yn golygu bod y barnwr yn gwybod y darlun cyfan ac yn adnabod y bobl sy'n gysylltiedig â'r achos, ond dim ond Duw sydd mewn sefyllfa felly. Ond sut y medrai Duw ddeall problemau pobl? Fe ddywedodd Paul wrth ei wrandawyr yn Athen y byddai Duw yn barnu'n gyfiawn, oherwydd yn Iesu roedd wedi dewis barnwr oedd yn Dduw ac yn fod dynol. Roedd ysgolheigion mwyaf blaenllaw y dydd yn gwrando ar bregeth Paul yn ddigon amheus, pan ddywedai wrthynt am yr angen i weithredu personol, ymarferol. *Oherwydd* bod Duw yn gyfiawn, ac i ni gael ein creu *ganddo* ef *iddo* ef, mae pob bod dynol yn atebol i Dduw, ac un diwrnod i gael eu barnu ganddo ef. Ond fe fydd barn Duw yn hollol gyfiawn.

Câr Dduw, câr dy gymydog

Ac i roi prawf arno, gofynnodd un ohonynt, ac yntau'n athro'r Gyfraith, "Athro, pa orchymyn yw'r mwyaf yn y Gyfraith?" Dywedodd Iesu wrtho, "'Câr yr Arglwydd dy Dduw â'th holl galon ac â'th holl enaid ac âth holl feddwl'... Ac y mae'r ail yn debyg iddo, 'Câr dy gymydog fel ti dy hun.'"

MATHEW 22:35-39

Rhoddodd Iesu rai atebion hynod i'w holwyr. Mae'n cymharu y gorchymyn i garu ein cymydog â'r gorchymyn i garu Duw. Mae'r ddau orchymyn yma yn edrych yn gwbl wahanol, ac er mor anodd yw caru Duw, mae'n llawer haws na charu pobl eraill, yn eu holl wendidau. Mae Ioan, yr apostol, yn dweud yn un o'i lythyrau ein bod yn gelwydddog os dywedwn ein bod yn caru Duw ac eto heb fod yn caru ein cyd-ddynion. Mae'n dweud ei bod yn amhosibl caru Duw - un nad ydym erioed wedi ei weld - os nad ydym yn caru y dyn neu'r ferch a welwn bob dydd. Cawsom ein creu yn y dechrau ar ddelw Duw: os yw ein cariad at Dduw yn real, fe fydd arnom eisiau caru ein cymydog. Mae profi cariad Duw yn ein helpu i garu ein cymydog hefyd.

Gormod o rywbeth da?

Paid â mynd yn rhy aml i dŷ dy gymydog, rhag iddo gael digon arnat, a'th gasáu.

DIARHEBION 25:17

Mae llyfr y Diarhebion yn llawn o gynghorion da sut i fyw yn ddoeth. Mae'n rhoi awgrymiadau ymarferol ar gyfer llu o sefyllfaoedd, gan gynnwys gwleidyddiaeth, priodas a bywyd cymdeithasol. Pan yw'n ysgrifennu yma am gymdogion, mae'n siwr ei fod yn meddwl am rywun yn byw gerllaw. Yn Israel, roedd ymweld â chymydog yn rhwyddach nag mewn gwledydd oerach, oherwydd fe fyddai'r drysau ar agor, a llawer iawn o amser yn cael ei dreulio y tu allan. Ond mae ar y bobl fwyaf cymdeithasol eisiau amser iddynt eu hunain, a bod gyda'u teulu. Os ydym yn byw ar ein pennau ein hunain, ac yn treulio oriau heb gwmni, mae'n demtasiwn i alw llawer ar ffrindiau a chymdogion - yn bersonol neu ar y ffôn. Ond mae caru cymydog fel ni ein hunain yn golygu meddwl am eu lles hwy hefyd. Golyga feddwl pryd y maent yn cael bwyd a phryd y maent yn mwynhau amser prin gyda'i gilydd, a'u gadael yn llonydd ar adegau felly. Mae'n well, meddai'r awdur, mynd yn llai aml na gorfanteisio ar y croeso.

Cymdogion da

Arglwydd, pwy a gaiff aros yn by babell? Pwy a gaiff fyw yn dy fynydd sanctaidd? Yr un sy'n... dweud gwir yn ei galon; un nad oes malais ar ei dafod, nad yw'n gwneud niwed i'w gyfaill, nac yn goddef enllib am ei gymydog.

SALM 15:1, 2-3

Beth sy'n gwneud hel clecs mor ddeniadol? Mae'n anodd iawn peidio ag ailadrodd rhywbeth blasus a glywsom am ffrind neu gymydog, ond unwaith mae'r gair wedi ei lefaru mae'r drwg wedi ei wneud. Sut bynnag y ceisiwn unioni'r cam yn ddiweddarach, mae'r sarhad ar gymeriad y cymydog wedi digwydd, ac mae'r wybodaeth anghywir wedi'i lledu. Mae'r salmydd yn teimlo mor ddrwg ynglŷn â hel straeon nes ei fod yn rhoi geiriau caredig ar ben y rhestr pan ddisgrifia nodweddion yr un sy'n weddus i ddod i bresenoldeb Duw. Mae caru cymydog fel ni ein hunain yn golygu rhoi i'w cymeriad yr un parch ag y dymunem ni ei gael. Gwridwn wrth feddwl am eraill yn ein trafod ni a'n ffaeleddau a'n hanffodion, felly, er tegwch ni ddylem ni ailadrodd hyd yn oed y glonc mwyaf blasus am ein cymdogion.

Mae'n dechrau yn y galon

Ac meddai, "Yr hyn sy'n dod allan o ddyn, dyna sy'n halogi dyn. Oherwydd o'r tu mewn, o galon dynion, y daw allan gynllunio drygionus, puteinio, lladrata, llofruddio, godinebu, trachwantu, anfadwaith...; o'r tu mewn y mae'r holl ddrygau hyn yn dod ac yn halogi dyn."

MARC 7:10-13

Rydym yn byw yn oes yr hysbysebu trwm ar sebonau a phowdrau golchi sy'n glanhau yn lanach na glân. Roedd yr Iddewon yn amser Iesu yn poeni am lendid allanol mewn ffordd wahanol. Roeddent yn teimlo'n frwnt - neu'n aflan - yng ngolwg Duw, os nad oeddent yn mynd drwy ddefodau ymolchi manwl. Dim ond bwydydd arbennig a ystyrid yn ddigon glân i'w bwyta. Ond mae Iesu'n rhoi ei fys ar y glendid sy'n cyfrif yn *wirioneddol*. Y meddwl a'r bwriad mewnol. Yr emosiynau a'r bwriadau cuddiedig hyn sy'n arwain i lofruddio, yn ogystal â'r gweithredoedd eraill y mae Iesu'n eu rhestru. Medr hyd yn oed llofruddiaeth na chafodd ei chynllunio godi o deimladau sydd wedi bod yn cronni am amser hir, heb yn wybod i neb. Hwyrach ei bod yn well i ni feddwl am lanhau ein teimladau cudd, er mwyn cael ein harbed rhag y canlyniadau hyll a fedr ddilyn.

Llofruddio gwleidyddol

Tua'r amser hwnnw, fe gymerodd y Brenin Herod afael ar rai o aelodau'r eglwys i'w drygu. Fe laddodd Iago, brawd Ioan, â'r cleddyf. Pan welodd fod hyn yn gymeradwy gan yr Iddewon, aeth ymlaen i ddal Pedr hefyd.

ACTAU 12:1-3

Roedd gan deulu Herod enw drwg iawn. Herod Fawr a orchmynnodd ladd y bechgyn ym Methlehem adeg geni Iesu. Roedd yr Herod hwn, ei ŵyr, a deyrnasai o dan awdurdod Rhufain, am wneud popeth i blesio ei feistri

Rhufeinig a chadw'r heddwch rhyngddo ef a Rhufain. Felly fe gadwai lygad barcud ar symudiadau y lleiafrifoedd, fel yr Eglwys Fore, a fedrai fygwth y *status quo*. Roedd hefyd am blesio'r awdurdodau Iddewig, a phan laddodd Iago - un o ddisgyblion Iesu - roeddent wrth eu bodd. Mae yna arweinwyr cenedlaethol a llywodraethau heddiw yn cyflawni llofruddiaethau cyfreithiol i'w dibenion eu hunain. Maent yn lladd dynion a merched diniwed er mwyn diogelu eu gallu eu hunain, neu i ddistewi lleiafrifoedd anghysurus: dioddefodd yr Archesgob Luwum fel hyn yn Uganda o dan Idi Amin. Rydym yn ddiolchgar am Gristnogion fel hyn sydd, er cael eu bygwth â marwolaeth, yn gwrthod bod yn dawel. Rydym yn ddiolchgar hefyd am y rheiny sy'n gwneud dienyddio gwleidyddol fel hyn yn amlwg i'r byd.

Casineb yn gyfystyr a lladd?

Yr ydym yn gwybod ein bod ni wedi croesi o farwolaeth i fywyd am ein bod yn caru'r brodyr; y mae'r hwn nad yw'n caru yn aros mewn marwolaeth. Llofrudd yw pob un sy'n casáu ei frawd, ac yr ydych yn gwybod nad oes gan unrhyw lofrudd fywyd tragwyddol yn aros ynddo.

1 IOAN 3:14-15

Nid yw Ioan yn arbed dim. Mae'n ysgrifennu'n blaen er mwyn ein sobri i adnabod ein 'gwendidau bach' am yr hyn ydynt mewn gwirionedd - pechodau amlwg. Fel Iesu, mae Ioan yn sylweddoli i le y gall meddyliau a theimladau anghywir arwain. Dicter yw'r cam cyntaf ar y ffordd at ladd. Efallai bod casáu yn air rhy gryf i ddisgrifio yr hyn a deimlwn, ond gall ein harwain i wneud drwg a brifo pobl eraill. Mae mwy nag un ffordd o ladd. Pan fyddaf i'n gwneud sylwadau beirniadol, neu'n ail adrodd clecs am rywun nad ydw i'n ei hoffi, rwyf yn lladd ei gymeriad a'i enw da. Pan wyf i'n anwybyddu rhywun neu yn nawddoglyd tuag atynt ac yn eu sennu rwyf yn eu brifo a gwneud niwed i'w hunanbarch. Wrth i mi fy ngwthio fy hun ymlaen fe gânt eu gwthio yn ôl. Mae'n ffaith drist nad yw Cristnogion yn aml yn cael eu hystyried yn dwymgalon ac yn gariadus tuag at ei gilydd. Mae Ioan yn gosod Iesu fel esiampl, un a ddangosodd gariad yn lle casineb, ac a roddodd ei fywyd dros eraill.

Gwybod beth sy'n dda a drwg

Am hynny gosodwch y geiriau hyn yn eich calon ac yn eich enaid, a'u rhwymo'n arwydd ar eich llaw, ac yn rhactalau rhwng eich llygaid. Dysgwch hwy i'ch plant, a'u crybwyll wrth eistedd yn y tŷ ac wrth gerdded ar y ffordd, wrth fynd i orwedd ac wrth godi.

DEUTERONOMIUM 11:18-19

Mae rhieni heddiw yn cwyno'n hallt nad yw plant yn gwybod y gwahaniaeth rhwng da a drwg. Yn aml yr ysgolion sydd yn cael y bai. Mae Moses yn gwneud yn glir, mewn neges ffarwél i bobl Israel, mai'r cartref yw'r lle gorau i ddysgu. Mae llawer o'r Iddewon yn llythrennol yn rhoi sgroliau bychain, â geiriau'r gyfraith arnynt, ar ddrysau eu tai ac ar eu talcennau, ond y gwir ystyr yw mai'r teulu delfrydol yw'r un lle mae cyfraith Duw wedi ei gweu i bob rhan o fywyd. Yna mae plant y teulu yn dysgu beth sy'n dda a beth sy'n ddrwg, nid yn unig oddi wrth beth mae eu rhieni yn ei ddysgu iddynt ond o'u hesiampl hefyd. Maent yn gweld cyfraith Duw ar waith ddydd ar ôl dydd. Ni fyddant bob amser yn blant da mae'n debyg, ond mae'n siwr y byddant yn gwybod y gwahaniaeth rhwng da a drwg.

Ceisiwch gydwybod!

Fel hyn y dywed yr Arglwydd, "Am dri o droseddau'r Ammoniaid, ac am bedwar, ni throf y gosb yn ôl; am iddynt rwygo gwragedd beichiog Gilead, er mwyn ehangu eu terfynau."

AMOS 1:13

Fel rheol yn erbyn pobl Dduw, Israel, yr oedd y proffwydi'n taranu. Roeddent hwy wedi cael cyfraith Duw, felly heb esgus nad oeddent yn gwybod y gwahaniaeth rhwng da a drwg. Ond fe gyhoeddai Amos, a siaradai dros Dduw, farn ar y cenhedloedd o amgylch Israel yn ogystal, er nad oeddent hwy'n gwybod cyfraith Duw. Nid oedd Duw yn disgwyl yr un safonau gan y bobl hyn ag yr oedd yn eu disgwyl gan Israel, ond mae rhai pethau y mae pawb yn reddfol yn gwybod eu bod yn annynol ac anghywir, ac mae Duw yn eu dal yn gyfrifol. Enghraifft o hyn yw ymddygiad gwarthus yr Ammoniaid mewn rhyfel. Mae Duw yn cymryd yn ganiataol bod gennym ni gydwybod ynglŷn â rhai troseddau. Wrth gwrs y *mae'n* bosibl mygu cydwybod, neu iddi gael ei gwyrdroi gan eraill. Ar lefel ryngwladol neu unigol, mae Duw yn ein dal yn gyfrifol am yr hyn yr ydym yn ei wybod - nid yr hyn nad ydym yn ei wybod - am ei gyfraith.

Dewis a chymysgu

Yn y dyddiau hynny nid oedd brenin yn Israel; yr oedd pob un yn gwneud yr hyn oedd yn iawn yn ei olwg ei hun.

BARNWYR 17:6

'Os yw'n iawn i chi, yna mae'n iawn' yw un o hoff ymadrodion ein dyddiau. Mae llawer o bobl fel pe baent yn meddwl nad yw da a drwg yn golygu dim mwy na'r hyn sy'n dda neu ddrwg i chi'n bersonol. Rydych chi'n rhydd i ddewis yr hyn a fynnwch o'r hyn a gaiff ei gredu ac i'w wau i'w gilydd i lunio'ch crefydd bersonol eich hun. Mae llyfr y Barnwyr yn adrodd rhai o'r hanesion anhygoel oedd yn digwydd yn yr amser pan oedd Israel yn byw yn ôl sylfaen foesol anwadal. Mae'r stori y daw'r dyfyniad uchod ohoni yn rhy hir a chymhleth i'w hadrodd yma. Ond mae'n gymysgedd anhygoel o hanes un dyn â'i grefydd cartref od a choelgrefyddau eraill yn ogystal â'r blys am arian. Mae'n gorffen mewn annibendod moesol anhygoel. 'Mae gwneud yr hyn sy'n naturiol' yn gallu dod yn ôl ar y sawl sy'n gweithredu, heb sôn am y rhai y daw i gysylltiad â hwy. Rydym yn byw mewn byd moesol, ac mae Duw wedi datguddio yr hyn sydd yn dda ac yn ddrwg. Ni fedrwn ni wneud yn ôl ein dymuniad ein hunain ac osgoi'r canlyniadau.

Gwirionedd absoliwt

Dywedodd Iesu wrtho [Thomas], "Myfi yw'r ffordd a'r gwirionedd a'r bywyd. Nid yw neb yn dyfod at y Tad ond trwof fi."

IOAN 14:6

Mae yna fwy nag un ffordd o ddiffinio'r gwirionedd. Fe all olygu cywirdeb y gellir ei fesur. Fe all olygu adroddiad cywir o ddigwyddiad, neu ystyriaeth onest o ffeithiau mewn achos arbennig. Mewn ystyr ddyfnach mae'n disgrifio cywirdeb llwyr ac onestrwydd. Roedd disgyblion cyntaf Iesu, fel ninnau, yn cael yr hyn a ddywedai Iesu yn anodd i'w ddeall. Fe all deall Iesu olygu bod yn rhaid i ni fod mewn cysylltiad personol ag ef yn hytrach na cheisio ei ddeall â'r meddwl yn unig. Hawlia Iesu bod gwirionedd absoliwt wedi ei wreiddio mewn person - ef ei hun. Fe ddeuwn i ddeall y gwirionedd fel y deuwn i adnabod a dilyn Iesu. Mae llawer o bobl yn meddwl mai rhywbeth cymharol yw gwirionedd. Maent hwy'n awgrymu mai bod yn ffyddlon i'w teimladau a'u profiad sydd yn bwysig; nid oes absoliwt. Pan ddywedwn mai Iesu yw'r gwirionedd mae'n canlyn ein bod yn dod yn agos at y gwirionedd fel y nesawn ato ef a'i ddysgeidiaeth. Ef yw'r gwir yn y diwedd ac ynddo y deuwn o hyd i Dduw ac i fywyd. Fe fyddwn hefyd yn ein canfod ein hunain mewn gwirionedd.

Y gwir yn y pen draw

Chwilia fi, O Dduw, iti wybod fy nghalon; profa fi iti ddeall fy meddyliau. Edrych a wyf ar y ffordd a fydd yn loes i mi, ac arwain fi yn y ffordd dragwyddol.

SALM 139: 23-24

Mae'n rhaid bod plant oes Victoria yn gwingo pan welent ffrâm ffasiynol o'r amser â'r geiriau, 'Thou God seest me' ynddi. Byddai eu nyrsys yn eu hatgoffa'n llym na fedrent guddio unrhyw ddrygioni o olwg Duw. Ond i'r

Salmydd bonws yw'r Duw sy'n gweld popeth. Mae'n gwahodd Duw i'w archwilio o fewn ac oddi allan - er mwyn mynd i waelod ei fwriadau a'i ddyheadau. Mae fel y claf sydd yn cytuno i gael ei archwilio ymhob ffordd posibl er mwyn cael y diagnosis cywir ac o hynny driniaeth. Fe ddisgrifia'r salm wybodaeth fanwl a thrylwyr Duw a'i ofal ohonom o'r pryd y cawsom ein creu yng nghroth ein mam. Mae Duw yn gwybod y gwir amdanom, ac wrth gyflwyno'n hunain yn llawen i gael ein harchwilio ganddo rhoddwn iddo'r cyfle i ddangos i ni beth sydd o'i le ac i'w gywiro. Rhaid i bopeth anghywir ddod o dan archwiliad manwl ond cariadus Duw, fel y gall ef ein gwneud yn llawer gwell pobl.

Byw y gwirionedd

...goleuni yw Duw, ac nid oes ynddo ef ddim tywyllwch. Os dywedwn fod gennym gymuneb ag ef, a rhodio yn y tywyllwch, yr ydym yn dweud celwydd, ac nid ydym yn gwneud y gwirionedd.

1 IOAN 1:5-6

Defnyddiwn yr ymadrodd 'byw celwydd' i ddisgrifio rhywun sydd yn honni bod yn un math o berson, ond sydd yn byw bywyd cudd hollol wahanol. Anaml y soniwn am 'byw'r gwirionedd'. Gwelodd yr apostol Ioan, a ysgrifennodd y llythyr hwn mae'n debyg, yr anghysondeb clir o ddweud y pethau cywir ond byw bywyd nad oedd yn gwireddu'r pethau hynny. Mae'n disgrifio Duw fel goleuni - pur, meddyginiaethol, yn goleuo ac yn rhoi bywyd. Fe dreuliodd Ioan dair blynedd gyda Iesu, a chlywodd bopeth ganddo am sut un ydyw Duw. Gwelodd hefyd fel yr oedd bywyd Iesu yn cyd-fynd â'r ddysgeidiaeth honno. Roedd Iesu'n byw y gwirionedd yn ogystal â'i ddysgu. Nid yw Ioan yn gweld y gwirionedd fel syniad academaidd i'w ddeall ond fel ffordd o fyw i'w gweithredu. Mae'n rhaid i'r sawl sy'n honni eu bod yn adnabod Duw ac mewn perthynas agos ag ef adlewyrchu ei gymeriad yn eu bywydau. Nid amgyffred y gwirionedd â'r meddwl yn unig sydd raid, rhaid ei fyw o ddydd i ddydd yn ogystal.

Beth sydd y tu mewn? Beth sydd yn y galon?

Gwae chwi, ysgrifenyddion a Phariseaid, ragrithwyr, oherwydd yr ydych yn debyg i feddau wedi eu gwyngalchu, sydd o'r tu allan yn ymddangos yn hardd, ond y tu mewn y maent yn llawn o esgyrn y meirw a phob aflendid. Felly hefyd yn allanol yr ydych chwithau yn ymddangos i ddynion yn gyfiawn, ond oddi mewn yr ydych yn llawn rhagrith ac anghyfraith.

MATHEW 23:27-28

Mae rhai cyfieithiadau modern o'r Beibl yn gwneud mwy o argraff na'r rhai yr ydym ni'n gyfarwydd â hwy. Maent yn medru dangos yn eglurach gymaint o sioc yr oedd arweinwyr crefyddol amser Iesu yn ei gael wrth glywed ei eiriau. Am eu bod yn athrawon yn dysgu eraill - ac i fod i ddangos iddynt - sut i fyw y ceryddodd Iesu hwy mor hallt. Mae'n demtasiwn ceisio cuddio ein gwendidau ein hunain pan geisiwn ddangos y ffordd i eraill, naill ai fel rhieni, athrawon neu weinidogion crefydd. Rhybuddiai Iesu'n gryf y rhai a oedd yn ymddangos fel pe baent yn well nag yr oeddent mewn gwirionedd. Mae'n eu cymharu â beddau yr amser hynny, ambell dro wedi eu hardduno'n wych. Ond roedd y cynnwys o hyd yn llawn aflendid. Rhaid i lendid a harddwch gychwyn o'r tu mewn inni - rhywbeth i Dduw weithio arno yw.

Y gwir fi

Arglwydd, yr wyt wedi fy chwilio a'm hadnabod... ac yr wyt yn gyfarwydd â'm holl ffyrdd... Chwilia fi, O Dduw, iti adnabod fy nghalon; profa fi iti ddeall fy meddyliau. Edrych a wyf ar ffordd a fydd yn loes i mi, ac arwain fi yn y ffordd dragwyddol.

SALM 139:1, 3, 23-24

Mae bod yn ddidwyll ac onest yn dechrau'n fewnol. Mae person sy'n rhydd o ragrith yr un fath o'r tu mewn ac o'r tu allan. Mae hi'n anodd bod felly! Mae'r salmydd yn cydnabod beth bynnag yw barn pobl eraill amdano, mae Duw yn ei adnabod yn union fel ag y mae. Fe all Duw weld unrhyw dwyll ac unrhyw fariau a godwn i guddio yr hyn ydym mewn gwirionedd oddi wrth y byd. Ond gwna'r salmydd fwy na chydnabod bod Duw yn ei adnabod mor dda. Mae'n *gwahodd* Duw i edrych yn fanwl ar ei feddyliau a'i deimladau. Mae'n fodlon bod yn gwbl agored i archwiliad manwl Duw. Mae, nid yn unig, am i Dduw ei archwilio ond am iddo hefyd ddangos iddo ei ddiffygion a delio â hwy - yna'n dyner ei arwain yn ôl i ffyrdd wrth fodd Duw.

Dweud y cwbl?

Anfonodd brenin Babilon... genhadau gydag anrheg i Heseceia, oherwydd clywsai fod Heseceia wedi bod yn wael ac wedi gwella. Croesawodd Heseceia hwy, a dangos iddynt ei drysordy, yr arian a'r aur a'r perlysiau a'r olew persawrus, a hefyd yr holl gelfi a phob peth oedd yn ei drysorfa; nid oedd dim yn ei dŷ nac yn ei holl deyrnas nas dangosodd Heseceia iddynt.

ESEIA 39:1-2

Roedd y brenin Heseceia newydd wella o afiechyd a fu bron yn angheuol iddo, drwy ymyriad y proffwyd Eseia. Yn awr, mewn hwyliau da, fe groesawodd lysgenhadon brenin Babilon drwy ddangos iddynt yr hyn a feddai. Roedd gwleidyddiaeth ar waith tu ôl i'r ymweliad ac nid oedd Heseceia ddim ond yn rhy falch i foddhau'r grym newydd oedd yn codi, gan obeithio y byddai yn eu cael ar ei ochr yn erbyn gelyn cyffredin i'r ddau, Asyria. Ond ni longyfarchodd Eseia Heseceia am ei onestrwydd a'i natur agored. Fe'i rhybuddiodd y byddai'r grym Babilonaidd hwn yn meddiannu a dwyn popeth y bu'n eu dangos â'r fath falchder. Yn hytrach na rhoi ei ymddiriedaeth yn Nuw, fe fu Heseceia yn ffôl yn dewis ei roi ei hun yn llaw gallu digydwybod paganaidd. Mae'n bosibl y bydd adegau pan yw'n ddoethach a gwell cadw pethau'n ddirgel ac atal ein hymddiriedaeth a'n barn.

Fy ngwaith i'n unig!

Ym mhen deuddeng mis, yr oedd y brenin yn cerdded yn ei balas ym Mabilon, ac meddai, "Onid hon yw Babilon fawr, a godais trwy rym fy nerth yn gartref i'r brenin ac er clod i'm mawrhydi?" Cyn i'r brenin orffen siarad, daeth llais o'r nef, "Dyma neges i ti, O Frenin Nebuchadnesar: Cymerwyd y frenhiniaeth oddi arnat."

DANIEL 4:29-31

Roedd Nebuchadnesar wedi cael ei rybuddio! Flwyddyn ynghynt, roedd Daniel - y cynghorydd Iddewig a alltudiwyd i Fabilon - wedi ymbil ar y brenin: 'Rho'r gorau i bechu, gwna yr hyn sy'n iawn, a bydd yn drugarog wrth y tlawd.' Ond fe anwybyddodd Nebuchadnesar y rhybudd, ac fel y rhybuddiodd Daniel, fe fu'n dioddef cyfnod o orffwylldra. Yn diweddarach, wedi dysgu'i wers, a chydnabod gallu Duw roedd yn ôl ar ei orsedd drachefn. Y dyddiau hyn tebyg y byddem yn dweud ei fod yn dioddef o fegalomania, ond gall hynny fod yn ganlyniad balchder a grym - canlyniad anochel ym mydysawd moesol Duw. Pan yw dynion a merched yn meddwl eu bod yn rymus, yn anffaeledig ac na fedrir eu symud maent yn symud yn gyflym o bwyll i wallgofrwydd. Fe welsom enghreifftiau o reolwyr grymus yn ein hamser ni a gerddodd y llwybr yna. I Dduw yn unig y perthyn grym llwyr ac anrhydedd.

Balchder cyn cwymp

O fel y syrthiaist o'r nefoedd, ti seren ddydd, fab y wawr!... Dywedaist ynot dy hun, "Dringaf fry i'r nefoedd, dyrchafaf fy ngorsedd yn uwch na'r sêr uchaf... Dringaf yn uwch na'r cymylau; fe'm gwnaf fy hun fel y Goruchaf." Ond i lawr i Sheol y'th ddygwyd.

ESEIA 14:12-15

Roedd y neges hon oddi wrth Dduw, drwy'r proffwyd Eseia, yn

wreiddiol ar gyfer brenin Babilon. Fe welodd rhai esbonwyr gyfeiriad symbolig yma at gwymp Satan o'r nefoedd. Mae John Milton, yn ei arwrgerdd *Coll Gwynfa* yn sicr yn ei chymhwyso fel hyn, gan ddarlunio Satan fel angel Duw. Ond fe barodd balchder ac awydd Satan i fod fel Duw iddo gael ei daflu allan o gynteddoedd nefol Duw. Sut bynnag yr ydym yn ei dehongli, mae'r gân yn ein hatgoffa, lle bynnag y'i ceir bod balchder yn bechod gwaelodol. O falchder daw pob math o ddrwgweithredoedd - pechodau yn erbyn Duw ac yn erbyn pobl eraill. Fe gaiff rhai ohonom hi'n anodd cytuno â thôn orfoleddus y darn - llawenhau yng nghwymp rhywun! Ond yn sicr mae'n iawn i fod yn llawen pan yw'r daioni yn gorchfygu'r drwg, a chyfiawnder yn cael ei weinyddu.

Y math iawn o falchder

Gwna dy orau i'th wneud dy hun yn gymeradwy gan Dduw, fel gweithiwr heb achos i gywilyddio am ei waith.

2 TIMOTHEUS 2:15

Yn yr oes hon o fasgynhyrchu, mae ffeiriau crefftau yn dod yn fwy a mwy poblogaidd. Mae pobl yn hoffi gweld pethau prydferth wedi eu gwneud gan artist neu grefftwr sydd wedi ymboeni'n ddiddiwedd i gynhyrchu rhywbeth sydd yn ddefnyddiol ac yn hyfryd i edrych arno. Hanner y pleser o fynd i'r ffeiriau yw siarad â'r bobl sydd wedi rhoi ychydig ohonynt eu hunain yn yr hyn y maent wedi ei greu mor amyneddgar. Maent yn siarad am eu gwaith gyda balchder gwylaidd nad yw'n dibynnu ar ganmoliaeth eraill. Pan adeiladwyd Eglwysi Cadeiriol y canol oesoedd, roedd crefftwyr yn mynd i drafferth di-ben-draw i lunio cerfluniau na fyddent yn y golwg wedi i'r adeilad gael ei orffen. Roeddent wedi eu dal gan y nod o adeiladu rhywbeth er gogoniant Duw nes yr oeddent yn cynhyrchu eu gwaith gorau, hyd yn oed pan mai Duw yn unig a'i gwelai! Mae dangos balchder yn ein gwaith, pa fath bynnag ydyw, yn ein symbylu i weithio â'n holl galon a'n henaid, fel na fydd arnom gywilydd hyd yn oed os mai Duw yn unig fydd yn gweld ac yn cymeradwyo ein hymdrech.

Grym yn gyntaf - Duw yn ail

Meddyliodd Jeroboam, "Yn awr, efallai y dychwel y frenhiniaeth at linach Dafydd."... Felly cymerodd y brenin gyngor a gwneud dau lo aur, a dweud wrth y bobl, "Y mae'n ormod i chwi fynd i fyny i Jerwsalem; dyma dy dduwiau, Israel.." Ond bu hyn yn achos pechu.

1 BRENHINOEDD 12:26, 28, 30

Aeth ymgais Rehoboam i sicrhau grym yn gyfangwbl o le. Fe lwyddodd Jeroboam, a fu'n swyddog i Solomon, i godi gwrthryfel a sefydlu teyrnas iddo'i hun yn y rhan ogleddol o Israel. Ond sut yr oedd dal gafael ar y grym? Roedd cyfraith Duw yn gofyn i bobl Israel eu presenoli eu hunain yn flynyddol yn y gwyliau yn y Deml, yn Jerwsalem. Oherwydd bod Jerwsalem yn y de, ac yn perthyn i'r deyrnas fechan oedd ar ôl gan Rehoboam, tarodd Jeroboam ar gynllun i rwystro'r bobl rhag mynd ar y daith i'r de, rhag ofn iddynt fynd yn ôl at Rehoboam. Felly cododd gysegrau a gwneud dau lo aur i'r bobl eu haddoli yn lle y Duw byw anweledig.

O'r amser hwnnw ymlaen mae Jeroboam yn cael ei adnabod yn y Beibl fel 'yr un a barodd i Israel bechu'. Oherwydd ei wanc am rym personol daeth ag eilun addoliaeth i'r wlad - yr hyn yn y diwedd a fu'n achos cwymp i deyrnas y gogledd.

Math newydd o rym

Galwodd Iesu hwy ato ac meddai wrthynt, "Gwyddoch fod y rhai a ystyrir yn llywodraethwyr ar y Cenhedloedd yn arglwyddiaethu arnynt, a'u gwŷr mawr hwy yn dangos eu hawdurdod drostynt. Ond nid felly y mae yn eich plith chwi; yn hytrach, pwy bynnag sydd am fod yn fawr yn eich plith, rhaid iddo fod yn was i chwi, a phwy bynnag sydd am fod yn flaenaf yn eich plith, rhaid iddo fod yn gaethwas i bawb."

MARC 10:42-44

Mae Iesu'n troi syniadau traddodiadol ar eu pen, gan gynnig i ni ffyrdd newydd chwyldroadol. Nid oedd ef yn naïf - roedd yn ymwybodol o'r gwrthdaro a âi ymlaen rhwng y pwerau cyfoes. Gwyddai hefyd fod pob pŵer yn llygru. Dyna pam y mae'n cynnig math newydd o rym i'w ganlynwyr. Ydych chi am fod yn flaenaf? Yna byddwch yn barod i wasanaethu pawb arall! Ni fyddai polisi felly yn debyg o ennill unrhyw ffafrau ym myd caled gwleidyddiaeth, diwydiant, addysg nac ar lawr y siop. Nid oes llawer o bobl wedi dewis strategaeth Iesu. Mae'n drist gweld yr eglwysi yn aml yn dewis yr union ddulliau a gondemiai'r Iesu. Ond ni raid canolbwyntio ar goridorau grym. Fe allwn ni edrych a yw ein ffyrdd ni o geisio grym ar raddfa fechan yn rhai a fyddai'n debyg o dderbyn cymeradwyaeth Iesu.

Esiampl Iesu

Amlygwch yn eich plith eich hunain yr agwedd meddwl honno sydd, yn wir, yn eiddo i chwi yng Nghrist Iesu. Er ei fod ef erioed ar ffurf Duw, ni chyfrifodd fod cydraddoldeb â Duw yn beth i ddal gafael ynddo, ond fe'i gwacaodd ei hun, gan gymryd ffurf caethwas a dyfod ar wedd dynion... fe'i darostyngodd ei hun, gan fod yn ufudd hyd angau, ie, angau ar groes.

PHILIPIAID 2:5-8

Ni ddywedodd Iesu erioed wrth neb am wneud unrhyw beth na fyddai ef yn fodlon ei wneud. Roedd yn gwneud yr hyn a bregethai. Roedd ei ffordd o fyw yn adlewyrchu yr hyn a ddysgai. Mae'n gwbl anhygoel bod Crëwr y bydysawd eang wedi dod yn ddyn. Pe baem yn dychmygu'r fath beth fe fyddem o leiaf yn disgwyl iddo gael pob braint posibl. Ond fe anwyd Iesu yn nhywyllwch a drewdod ogof lle cedwid yr anifeiliaid. Am ddeg ar hugain o flynyddoedd fe fu gyda'i dad oedd yn grefftwr. Teithiodd ar droed yn dysgu ac iacháu, heb gartref iddo'i hun. Fe fu farw marwolaeth caethweision a drwgweithredwyr. Mae'n rhaid mai cariad oedd yn ei ysgogi. Fe ddewisodd Iesu fyw a marw ar y ddaear a gwasanaethu pobl o gariad dwfn anhunanol.

Archwilio'r synhwyrau

Dywedais wrthyf fy hun, "Tyrd yn awr, gad i mi brofi llawenydd, a'm mwynhau fy hun... Dywedais fod chwerthin yn ynfydrwydd, ac nad oedd llawenydd yn dda i ddim. Ceisiais godi fy nghalon â gwin... nes imi weld beth oedd yn dda i ddynion ei wneud dan y nef yn ystod cyfnod byr eu hoes... adeiladais dai i mi fy hun, a phlannu gwinllannoedd, gwneuthum erddi a pherllannau... cesglais arian ac aur... yr oedd gennyf hefyd gantorion a chantoresau, a digonedd o ferched gordderch i ddifyrru dynion.

PREGETHWR 2:1, 2-3, 4-5, 8

Mae'r awdur yn swnio fel pe bai wedi ennill y loteri - digon o amser ac arian i wneud fel y myn. Dychmygwn weithiau y byddai cyflawni ein ffantasïau mwyaf beiddgar yn dod â hapusrwydd i ni, ac mae'r hysbysebion yn ceisio ein hargyhoeddi y byddai gwyliau ecsotig, tai, bwyd a rhyw diddiwedd wrth fodd ein calon. Ond mae'r awdur, fel aml i un arall sy'n chwilio am bleser, yn darganfod nad yw bodloni ein chwantau yn ateb ein dyheadau dyfnaf. Roedd Awstin Sant yn nes at y gwirionedd pan ddywedodd wrth Dduw: 'Creaist ni er dy fwyn dy hun, y mae ein calonnau yn aflonydd nes gorffwys ynot ti.'

Blys

Ond gwrthododd wrando arni, a threchodd hi a'i threisio a gorwedd gyda hi. Yna casaodd Amnon hi â chas perffaith; yn wir yr oedd ei gasineb tuag ati yn fwy na'r cariad a fu ganddo, a dywedodd wrthi, "Cod a dos."

2 SAMUEL 13:14-15

Nid yw'r darn dychrynllyd uchod yn dweud yr hanes arswydus i gyd. Plant i'r brenin Dafydd oedd Amnon a Tamar, ond nid o'r un fam. Fe syrthiodd Amnon mewn cariad â'i hanner chwaer a gwnaeth ei gariad angerddol ef yn sâl. Drwy gynllwyn cyfaill, cafodd Amnon hi i'w ystafell. Gwnaeth esgus ei fod yn glaf ac aeth i'w wely, ac ymbil am i'w chwaer fynd i'w weld. Gweithiodd y cynllun ond pan wrthododd Tamar fynd ato i'r gwely, fe'i treisiodd hi. Cariad? Go brin - cyn gynted ag y cafodd ei fodloni, trodd ei awydd yn ddicter ac atgasedd chwerw. Pan ymbiliodd Tamar ag ef i beidio â'i hanfon ymaith, mewn gwarth, gorchmynnodd ei lanc: 'Gyrrwch hon i ffwrdd oddi wrthyf.' Fe fu'r canlyniadau yn ofnadwy a phellgyrhaeddol. Roedd bywyd Tamar yn deilchion ac fe ddialodd Absalom, ei brawd llawn, drwy ladd Amnon. Nid oedd diwedd i'r digwyddiadau trasig a ddechreuwyd gan weithred Amnon.

Ffordd o fyw yn newid

Peidiwch â chymryd eich camarwain; ni chaiff puteinwyr nac eilunaddolwyr, na godinebwyr, na rhai sy'n ymlygru yn eu rhyw eu hunain, na lladron, na meddwon... etifeddu teyrnas Dduw. A dyna oedd rhai ohonoch chwi; ond yr ydych wedi ymolchi, a'ch sancteiddio, a'ch cyfiawnhau trwy enw yr Arglwydd Iesu Grist, a thrwy Ysbryd ein Duw ni.

1 CORINTHIAID 6:9, 10-11

Fe gondemiodd yr Iesu y pechodau *ysbrydol* fel balchder a rhagrith, ac mae Cristnogion yn ceisio pwysleisio, er bod pechodau'r cnawd yn fwy amlwg, nid hwynthwy yw'r rhai gwaethaf bob amser. Ond mae awduron fel Paul yn ein rhybuddio eu bod hwy hefyd yn perthyn i fyd tu allan i deyrnas Dduw. Mae'n atgoffa'r Cristnogion ifanc yng Nghorinth bod llawer ohonynt wedi bod yn byw y bywyd a gymerid yn ganiataol yng Nghorinth. Roedd y porthladd cosmopolitaidd hwn yn ddiarhebol am ei fedd-dod a'i buteindra. Ond yn awr yr oeddent yn Gristnogion - deiliaid teyrnas *Dduw* - ac yr oedd eu bywydau wedi newid. Fe fu Duw ar waith, yn glanhau eu bywydau, yn eu gwneud yn ddynion a merched iddo *ef,* gan roi iddynt gyfeiriad newydd a ffynonellau newydd o lawenydd a bodlonrwydd.

Gofyn am drwbwl!

Pan welodd ei frodyr fod eu tad yn ei garu yn fwy na'r un ohonynt hwy, rhoesant eu cas arno... Cafodd Joseff freuddwyd, a phan ddywedodd wrth ei frodyr amdani, aethant i'w gasáu yn fwy fyth

GENESIS 37:4-5

Y ffaith bod Joseff yn ffefryn a wnaeth ei frodyr mor genfigennus ohono, ond gwnaeth Joseff bethau'n waeth drwy fod mor ddifeddwl a hunanol. Credid mai un ffordd o ddehongli'r dyfodol oedd drwy freuddwydion, ac fe gafodd Joseff ddwy freuddwyd arbennig iawn lle'r oedd ei frodyr - ac hyd yn oed ei rieni - yn plygu a chrafu iddo *ef*. Roedd y rhain yn freuddwydion cyffrous i fachgen yn ei arddegau, ond fe fyddai wedi bod ar ei fantais pe bai wedi bod yn dawel yn eu cylch. Mor rhwydd yw gwneud pobl eraill yn eiddigeddus heb feddwl. Nid ydym yn ystyried yn ddigon hir beth yw eu hamgylchiadau a sut y byddent yn debyg o ymateb i'r hyn fyddem ni'n ei ddweud. Hwyrach nad ydym yn ymffrostio am ein gorchestion ein hunain. Efallai ein bod yn siarad am lwyddiant ein plant, neu'n dangos modur newydd, neu ddarluniau o wyliau ecsotig. Mae hi cyn rhwydded gwneud eraill yn genfigennus ohonom â bod yn genfigennus ein hunain.

Cymhelliad pellach

Oherwydd gwyddai mai o genfigen y traddodasant ef.

MATHEW 27:18

Hwyrach bod Pontius Pilat, rhaglaw Jwdea yn amser Iesu, yn wan a digydwybod ond nid oedd yn ffŵl. Fe welodd nad oedd yr arweinwyr Iddewig ddim ond yn palu celwyddau am y carcharor Iesu. Maent yn taeru bod Iesu yn fygythiad i Rufain oherwydd ei fod yn ceisio ei wneud ei hun yn frenin - ond roeddent wedi ei gymryd i'r ddalfa oherwydd cenfigen. Roeddent yn eiddigeddus o boblogrwydd Iesu, ac am ei fod yn siarad am Dduw gydag awdurdod pan oeddent hwy yn ystyried mai hyw eu hunain yn unig oedd yr arbenigwyr ar faterion crefyddol. Ganddynt hwy yr oedd grym. Roeddent hefyd yn genfigennus o Iesu oherwydd nad oedd rhai ohonynt yn ddiffuant, ond yn haerllug ac yn ceisio eu lles eu hunain, felly roedd onestrwydd a daioni Iesu yn amlygu yr hyn oeddent. Ar hyd yr oesoedd mae pobl dda pob crefydd wedi cael eu llabyddio dim ond am eu *bod* yn dda. Mae daioni yn medru bygwth a chorddi eiddigedd. Mae cenfigen yn peri ein bod am ddinistrio pobl dda, gyfiawn ac onest y byddwn yn cyfarfod â hwy mewn bywyd.

A ydyw Duw'n eiddigeddus?

...nac ymgryma iddynt na'u gwasanaethu, oherwydd yr wyf fi, yr Arglwydd dy Dduw, yn Dduw eiddigus.

EXODUS 20:5

'Yr wyf fi, yr Arglwydd dy Dduw, yn Dduw eiddigeddus' yw cyfieithiad Y Beibl Cymraeg Newydd o'r gorchymyn. Ond nid ydym yn hoffi meddwl am Dduw fel Duw eiddigeddus, nid yw fel pe bai'n iawn. Wedi'r cwbl mae eiddigedd fel pe bai'n perthyn i rywun o feddwl bychan. Sut y medr rhywun mor galon-fawr â Duw fod yn euog o hyn? Ond mae'r geiriau hyn yn ein hatgoffa bod pobl Israel yn perthyn i Dduw. Pan ydym yn berchen rhywbeth, rydym yn disgwyl bod gennym ryw gymaint o hawliau a breintiau ynglŷn ag ef. Mae bod yn eiddigeddus yn anghywir mor aml oherwydd nad oes neb ohonom yn berchen *neb* - hyd yn oed os ydym yn briod â hwy neu yn rhieni neu blant iddynt. Ond yr *ydym* yn eiddo i Dduw. Ef a'n gwnaeth ac ef yw'r unig un sy'n deilwng o'n haddoliad a'n hufudd-dod llawn. Mae gan Dduw hawl i fod yn eidigeddus o rywun neu rywbeth sy'n cymryd ei le, ac nid yw ei eiddigedd yn codi o fychander ond o ddymuniad cryf i'n diogelu rhag y peryglon a ddaw os rhoddwn ein calon a'n hewyllys i unrhyw 'dduw' arall.

Yno pan fyddaf ei angen!

Bendigedig fyddo Duw a Thad ein Harglwydd Iesu Grist, y Tad sy'n trugarhau a'r Duw sy'n rhoi pob diddanwch. Y mae'n ein diddanu ym mhob gorthrymder, er mwyn i ninnau, trwy'r diddanwch a gawn ganddo ef, allu diddanu'r rhai sydd dan bob math o orthrymder.

2 CORINTHIAID 1:3-4

Ambell dro, pan fyddwn ni'n wirioneddol ddigalon neu'n ofidus, rydym yn dyheu am gael rhywun i afael amdanom ac aros gyda ni. Hwyrach na fydd geiriau yn bwysig; ond mae presenoldeb y person yn sicr yn bwysig.

Ystyr y gair Groeg am 'diddanwch', a ddefnyddir droeon yma, yw 'sefyll wrth ochr rhywun'. Roedd Paul yn aml yn gorfod wynebu poen, carchar, a thorcalon ar ei ben ei hun - cyn belled ag yr oedd person dynol yn bod, ond roedd yn ymwybodol iawn bod Duw wrth ei ochr, hyd yn oed os nad oedd yn medru gweld Duw yn gorfforol. Roedd y profiad hwnnw yn help i Paul i sefyll wrth ochr pobl eraill oedd mewn trallod. Mae bod mewn trwbl yn galed, ond fe all ddysgu gwers i ni a fydd yn ein galluogi i helpu eraill. Mae ar ein byd wir angen pobl sy'n medru cydymdeimlo a gwrando, rhai sy'n fwy na pharod i sefyll wrth ochr y rhai sydd mewn amgylchiadau anodd.

Addewidion cysurlon

'Oherwydd myfi sy'n gwybod fy mwriadau a drefnaf ar eich cyfer,' medd yr Arglwydd, 'bwriadau o heddwch, nid niwed, i roi i chwi ddyfodol gobeithiol'

JEREMEIA 29:11

Mae rhai pobl sy'n credu yn Nuw yn dychmygu amdano fel rhyw blismon ar raddfa fawr, yn aros rownd y gornel i neidio ar bobl pan fydd popeth yn mynd yn iawn. Mae eraill yn meddwl amdano fel rhywun sychdduwiol sydd yn erbyn unrhyw fath o bleser, ond am i'w ganlynwyr fyw bywyd cwbl ddi-liw. Mae eraill yn meddwl amdano fel Gallu Mawr a greodd y byd, ac yna ei adael i'w gynlluniau ei hun. Yn sicr nid ydynt yn meddwl bod Duw yn gofalu am fywyd personol miliynau o bobl sy'n heidio fel pryfed ar y blaned. Yn bendant ni fyddai eu tristwch a'u problemau yn golygu dim i Dduw. Ond darlun hollol wahanol sydd yn y Beibl. Yn yr adnodau hyn mae Duw yn anfon neges o gysur arbennig i'w bobl Israel, sy'n alltudion ymhell o'u gwlad. Mae'n gwybod ac yn poeni am y trafferthion y maent ynddynt, ac mae'n eu sicrhau fod ganddo ddyfodol sicr ac ardderchog ar eu cyfer.

'Ni'th adawaf byth!'

Myfi yw'r bugail da. Y mae'r bugail da yn rhoi ei einioes dros y defaid... Y mae fy nefaid i yn gwrando ar fy llais i, ac yr wyf fi'n eu hadnabod, a hwythau yn fy nghanlyn i. Yr wyf fi'n rhoi bywyd tragwyddol iddynt; nid ânt byth i ddistryw, ac ni chaiff neb eu cipio allan o'm llaw i. Hwy yw rhodd fy Nhad i mi, rhodd sy'n fwy na dim oll, ac ni all neb eu cipio allan o law fy Nhad.

IOAN 10:11, 27-29

Mae'n deimlad braf pan yw plentyn yn reddfol yn gafael yn ein llaw. Mae'n dangos ymddiriedaeth, cariad a dibyniaeth arnom sy'n ein gwneud yn benderfynol na wnawn ei siomi. Dyma'r math o ymddiriedaeth y mae'r Iesu fel pe bai yn gofyn amdano. Fe ddywedodd unwaith fod yn rhaid i ni fod fel plant bychain yn dangos cariad tuag ato ac ymddiriedaeth ynddo, er mwyn etifeddu ei deyrnas. Ond nid yw derbyn yr help a'r cysur sydd gan Iesu yn dibynnu ar ein teimladau ni nac ar y ffordd yr ydym yn ymateb iddo. Mae'r rhan fwyaf o bobl yn cael y profiad o fethu dal gafael yn Nuw. Maent yn rhy flinedig neu wedi eu dryllio gan fywyd. Ar adegau felly gallwn ddibynnu ar addewid Duw i ddal i'n cynnal.

Beth, *fi*?

Yr oedd... Gideon yn dyrnu gwenith mewn gwinwryf i'w guddio rhag Midian. Ymddangosodd angel yr Arglwydd iddo a dweud wrtho, "Y mae'r Arglwydd gyda thi, ŵr dewr."... "Dos gyda'r nerth hwn sydd gennyt, a gwared Israel o afael Midian."

BARNWYR 6:11-12, 14

Pe bai rhywun yn gwrando fe fyddai'n meddwl bod angel yr Arglwydd yn sarcastig! Gideon yn ddyn dewr a chryf? Ar yr union adeg honno cuddio yr oedd rhag y Midianiaid - llwythau oedd yn gymdogion i Israel, ac a fyddai'n ymosod yn aml ac yn eu handwyo, gan achosi panig oedd yn eu drysu a dwyn eu hanifeiliaid a'u cnydau. Nid oedd arwyr ar ôl yn Israel! Ond fe wyddai Duw y gellid newid y gŵr ifanc, swil, dihyder hwn i fod yn arweinydd dewr a fyddai'n arwain ei bobl i fuddugoliaeth. Ond roedd rhaid i Gideon ddysgu gwersi pwysig wrth fynd ymlaen, cyn y medrai arwain Israel i fuddugoliaeth. Yr un fwyaf pwysig oedd nad oedd cryfder Israel yn dod o fod yn ddewrach a chryfach ac yn fwy niferus na'r gelyn. Roedd yn dibynnu ar wneud pethau yn ffordd Duw - er mor blith-draphlith y byddai hynny'n edrych - a dibynnu ar Dduw am fuddugoliaeth. Y ffordd honno fe fyddai nerth yn disodli gwendid.

Pa mor gryf yw cryf?

Y mae enw'r Arglwydd yn dŵr cadarn; rhed y cyfiawn ato ac y mae'n ddiogel. Cyfoeth y cyfoethog yw ei ddinas gadarn, ac y mae fel mur cryf yn ei dyb ei hun.

DIARHEBION 18:10-11

Mae llawer o storïau - gwir a dychmygol - sy'n disgrifio'r cwymp o gyfoeth i garpiau. Fe all cyfranddaliadau ddisgyn yn erchyll neu fusnes fethdalu, neu fe all person syrthio i afael twyllwr neu rywun o'r teulu sydd byth a hefyd yn swnian am arian. Hwyrach bod ein harian yn ddiogelach yn awr nag yr oedd yn amser yr awdur, ond mae'n bolisi gwael o hyd meddwl amdano fel mur cadarn yn erbyn caledi. Rhybuddiodd Iesu mor anodd yw hi i'r rhai sy'n ymddiried mewn cyfoeth fynd i mewn i'w deyrnas. Pan deimlwn bod gennym gysgod mewn cyfri banc iach mae hi mor rhwydd teimlo nad oes angen ymddiried yn Nuw. Mae awdur y Diarhebion yn cymryd yn ganiataol mai yn Nuw yn unig y medrir ymddiried. Yn hytrach na meddwl am dŵr fe ellir meddwl heddiw am adeiladau a fedr wrthsefyll daeargryn neu ymosodiad niwcliar. Pa ddarlun bynnag a ddefnyddiwn, y neges yw mai ar Dduw yn unig y gellir dibynnu, mae'n gwbl deilwng o'n hymddiriedaeth. Mae'n medru gwarantu diogelwch nid yn unig yn y byd hwn ond i dragwyddoldeb.

Mewn undeb y mae nerth

Y mae dau yn well nag un, oherwydd y maent yn cael tâl da am eu llafur; os bydd y naill yn syrthio y mae'r llall yn gallu ei godi... Er y gellir trechu un, y mae dau yn gallu gwrthsefyll. Ni ellir torri rhaff deircainc ar frys.

PREGETHWR 4:9-10, 12

Mae rhai pobl yn cael eu geni i fod yn bobl unig. Maent yn aml yn alluog ac yn greadigol ond yn anodd iawn cydweithio â hwy. Ond mae'r athronydd sydd yn y darn hwn o lenyddiaeth ddoethineb y Beibl yn gweld gwerth mewn gweithio'n ddau a dau neu fel aelodau o dîm. Wrth gwrs mae iddo ei anfanteision. Mae'n rhwyddach gwneud ein penderfyniadau ein hunain a defnyddio ein ffyrdd ni ein hunain heb orfod ymgynghori â rhywrai eraill sydd â'u syniadau eu hunain; ond mae'r awdur yn teimlo bod y manteision yn gorbwyso'r anfanteision. Mae yna nerth mewn cydweithio sicr. Fe all gwendid un person fod yn gryfder mewn person arall. Mae rhai wedi gweld y rhaff deirgainc fel dau berson a Duw y trydydd yn y tîm. Nid oedd y syniad mae'n debyg ym meddwl yr awdur, ond mae'n rhoi darlun o gryfder i ni, cryfder sy'n abl i wrthsefyll unrhyw anhawster.

Gorffwys y Saboth

Cofia'r dydd Saboth i'w gadw'n gysegredig. Chwe diwrnod yr wyt i weithio a gwneud dy holl waith, ond y mae'r seithfed dydd yn Saboth yr Arglwydd dy Dduw; na wna ddim gwaith y dydd hwnnw, ti na'th fab, na'th ferch, na'th was, na'th forwyn, na'th anifail, na'r estron sydd o fewn dy byrth.

EXODUS 20:8-10

Dyma orchymyn ardderchog! Mae'n dweud wrthym am *beidio â* gweithio! Ond peth mor drist yn amser y Beibl ac yn yr ail ganrif ar bymtheg a'r bedwaredd ganrif ar bymtheg ym Mhrydain, er enghraifft, oedd i gadwraeth y Saboth fynd yn gul a chaethiwus yn hytrach na bod yn gyfraith yn rhoi rhyddid. Roedd gan Dduw reswm dros gadw un diwrnod yn rhydd o waith. Mewn theori, po fwyaf yr oriau, mwyaf y gwaith, ond yn ymarferol nid fel yna y mae hi. Mae cael hoe yn arwain at gynhyrchu llawer mwy. Mae arnom angen seibiant, ac mae'n beryglus esgeuluso'r angen hwn. Roedd cyfraith Duw yn ymwneud â phawb - nid yn unig tirfeddiannwyr a phobl mewn safle uchel mewn cymdeithas. Meibion a merched, gweision, gweithwyr teithiol a chaethweision dieithr, roeddent i gyd i fwynhau y rhyddid hwn a gaed yn Israel. Ac yr oedd Duw wedi cynnwys yr anifeiliaid yn ogystal. Rwyf yn falch bod anifeiliaid pwn yn cael un dydd o orffwys bob wythnos.

Ymyriad ar wyliau

A dywedodd wrthynt, "Dewch chwi eich hunain o'r neilltu i le unig a gorffwyswch am dipyn." Oherwydd yr oedd llawer yn mynd a dod, ac nid oedd cyfle iddynt hyd yn oed i fwyta. Ac aethant ymaith yn y cwch i le unig o'r neilltu. Gwelodd llawer hwy'n mynd...

MARC 6:31-33

Efallai y medrwn ddyfalu sut y gorffennodd yr hanes hwn. Roedd Iesu a'i ddisgyblion wedi cyrraedd yr ochr arall i'r llyn, yr ochr dawel, ond yno roedd y dyrfa eiddgar yn eu disgwyl - roeddent wedi rhedeg o amgylch y llyn a chyrraedd yno o'u blaenau. Fel y suddodd calonnau'r disgyblion! Roeddent hwy wedi bod ar daith bregethu orfoleddus ond blinedig cyn y digwyddiad a ddilynodd hynny. Roedd Iesu wedi clywed y newyddion am ladd creulon ei gyfaill a'i berthynas, Ioan Fedyddiwr. Roedd angen lle unig arno i alaru. Ond pan welodd *ef* y dyrfa, yn ôl Marc, 'tosturiodd wrthynt.' Fe'i dysgodd a'i bwydo â bara a physgod. Mae'r gwyliau hwnnw'n cael ei ganslo, ond mae'r stori yn ein hatgoffa bod Iesu, mab Duw, yn cydnabod yr angen am bwt o seibiant - yn arbennig ar rai y mae pwysau gwaith yn drwm arnynt.

Gerddi

Fe aeth fy nghariad i lawr i'w ardd, i'w gwely perlysiau, i ofalu am y gerddi, ac i gasglu'r lilïau.

CANIAD SOLOMON 6:2

Yr ardd yw cefndir rhai o'r cerddi hyfryd sydd yn Caniad Solomon. Mae'n debyg bod yr ystyr y tu ôl i'r iaith yn un erotig, ond mae gerddi wedi dod â phleser diddiwedd ac adfywiad i bobl o bob oed ar draws y byd ac i lawr y canrifoedd. I rai, wrth gwrs, mae'r gair 'gardd' yn eu hatgoffa o lawnt i'w thorri, chwynnu a phalu. Ond i'r mwyafrif ohonom mae gerddi yn perthyn i fyd hamddden a phleser. Mae eistedd yn yr ardd - os ydym yn ddigon ffodus i fod yn berchen un - neu ymweld â gerddi pobl eraill - yn llawenydd pur. Mae'r gair 'paradwys' yn dod o air Persaidd sy'n golygu gardd, a gardd oedd y lle delfrydol ar gyfer Adda ac Efa. Mae llawer yn cael garddio yn therapi ac adfywiad ar ôl wythnos o waith. Hyd yn oed yn y gaeaf fe ellir ymlacio wrth weld rhaglenni garddio neu astudio'r catalogau gardd. Beth bynnag yw ein hoed neu gyflwr ein hiechyd fe allwn fwynhau yr ymlacio a geir mewn gardd.

Gwahanol sgiliau

Wedi hynny fe ymadawodd ag Athen, a dod i Gorinth. A daeth o hyd i Iddew o'r enw Acwila...gyda'i wraig Priscila...Aeth atynt...arhosodd gyda hwy, a gweithio; gwneuthurwyr pebyll oeddent wrth eu crefft. Byddai'n ymresymu yn y synagog bob Saboth, a cheisio argyhoeddi Iddewon a Groegiaid.

ACTAU 18:1, 2-3

Rabbi Iddewig, neu athro crefydd, oedd Paul, wedi graddio mewn prifysgol. Felly mae'n dipyn o syndod gweld y disgrifiad ohono fel gwneuthurwr pebyll. Mae'n bosibl mai gweithio mewn lledr yr oedd - gwneid pebyll o grwyn - neu hyd yn oed wau brethyn cwrs. Ond yr hyn sy'n ddiddorol yw ei fod yn grefftwr, a'i fod yn ennill bywoliaeth drwy ddefnyddio'i ddwylo. Roedd yn ofynnol i bob rabbi ddysgu crefft. Saer, neu adeiladydd, oedd Iesu wrth ei grefft. Yn ein dyddiau ni, yn anffodus, mae gwaith academaidd yn cael ei gyfrif yn bwysicach na gwaith llaw. Roedd Paul yn cyfuno'r ddau, gan ddefnyddio'i grefft i ennill ei fara pan oedd angen, a'i sgiliau academaidd a'i wybodaeth i gyflwyno'r efengyl yn y synagog. Mae'n braf bod yn rhydd o snobyddiaeth sy'n codi un gorchwyl uwchlaw un arall.

Gwneud eich rhan!

Ac yn wir, pan oeddem yn eich plith, rhoesom y gorchymyn hwn i chwi: os oes rhywun sy'n anfodlon gweithio, peidied â bwyta chwaith. Oherwydd yr ydym yn clywed bod rhai yn eich mysg yn segura, yn busnesa ym mhobman heb weithio yn unman. I'r cyfryw yr ydym yn gorchymyn... iddynt weithio'n dawel ac ennill eu bywoliaeth eu hunain. A pheidiwch chwithau, frodyr, â blino ar wneud daioni.

2 THESALONIAID 3:10-13

Fe fedrai Paul siarad yn blaen â'r Cristnogion yn Thesalonica oherwydd roedd wedi bod yn esiampl iddynt drwy weithio'n galed pan oedd yn eu plith. Nid oedd yn rhaid i neb ei gadw *ef*. Ond yr oedd rhai ohonynt yn segura, heb boeni am geisio gwaith, gan fyw ar garedigrwydd Cristnogion eraill. Nid yw hyn mor wir heddiw - ond mae'n dal i fod yn wir mai ychydig o bobl sy'n gwneud y gwaith di-dâl yn y cartref, yn yr eglwys ac yn y gymdeithas. Mae eraill yn gwneud cyn lleied ag sy'n bosibl. Roedd Paul am i bawb yn yr eglwys Gristnogol fod yn barod i ysgwyddo rhan o'r baich a gweithio'n galed - nid yw'n lle i bobl sefyll yn segur a hel clecs!

Diweithdra

Meddai wrthynt, 'Pam yr ydych yn sefyll yma drwy'r dydd yn segur?' 'Am na chyflogodd neb ni,' oedd eu hateb.

MATHEW 20:6-7

Mae llawer ohonom wedi gweld effeithiau andwyol methu â chael gwaith. Mae gweithio yn rhan o fod yn ddynol, ac mae llawer mwy nag arian a hunanbarch yn mynd pan gollir gwaith. Fe ddywedodd Iesu y ddameg hon am grŵp o weithwyr a arhosai yn y farchnad i ddisgwyl cael eu cyflogi. Daeth perchen tir y peth cyntaf y bore a chyflogi rhai ohonynt, gan eu hysbysu o'r tâl yr oeddent i'w gael am y dydd. Cyflogodd eraill yn ystod y dydd. Un awr a weithiodd y grŵp olaf. Roedd y grŵp cyntaf yn filain pan roddodd y cyflogwr yr un faint iddynt ag a gawsant hwythau. Stori yw hon sy'n dangos gras arbennig Duw - ei haelioni a'i garedigrwydd nad ydym yn ei haeddu. Ond fe ddywed lawer hefyd am agwedd Duw tuag at y rhai sy'n dymuno gweithio ond yn methu. Mae'n gwybod sut y maent yn teimlo, ac mae'n eu hystyried mor deilwng o dâl â rhai mewn gwaith amser llawn.

Dirprwywch!

Eisteddodd Moses drannoeth i farnu'r bobl, a hwythau'n sefyll o'i flaen o'r bore hyd yr hwyr. Pan welodd Jethro y cwbl yr oedd Moses yn ei wneud er mwyn y bobl, dywedodd, "Beth yw hyn yr wyt yn ei wneud drostynt?... Nid dyma'r ffordd orau iti weithredu. Byddi di a'r bobl sydd gyda thi wedi diffygio'n llwyr."

EXODUS 18:13-14, 17

Fe ymwelodd Jethro, tad-yng-nghyfraith Moses, ag ef yn anialwch Sinai, lle'r oedd Moses yn arwain pobl Israel ar eu taith i Wlad yr Addewid. Fel y gwyliai Jethro Moses yn ceisio delio â'r holl geisiadau a'i wynebai ddydd ar ôl dydd, fe welai fod y gwaith yn cael effaith andwyol arno. Roedd y bobl hefyd wedi syrffedu disgwyl i'w problemau gael eu setlo. Fel un oedrannus profiadol gwelodd ateb i'r broblem. Roedd Moses i ddelio â'r problemau anodd o hyd, ond roedd yna broblemau symlach bob dydd a fedrai gael eu setlo gan bobl eraill. Fe ddylai Moses apwyntio dirprwyon - pobl onest na fedrid eu twyllo, yn ofni Duw ac yn gwbl abl - i ysgafnhau ei faich. Yn ffodus, roedd Moses yn ddigon gwylaidd a chanddo ddigon o synnwyr i wrando ar gyngor ei dad-yng-nghyfraith!

Gosodwch eich blaenoriaethau!

...aeth Iesu i mewn i bentref, a chroesawyd ef i'w chartref gan wraig o'r enw Martha. Yr oedd ganddi hi chwaer a elwid Mair; eisteddodd hi wrth draed yr Arglwydd a gwrando ar ei air. Ond yr oedd Martha mewn dryswch oherwydd yr holl waith gweini, a daeth ato a dweud, "Arglwydd, a wyt ti heb hidio dim fod fy chwaer wedi fy ngadael i weini ar fy mhen fy hun? Dywed wrthi, felly, am fy nghynorthwyo." Atebodd yr Arglwydd hi, "Martha, Martha, yr wyt yn pryderu ac yn trafferthu am lawer o bethau...Y mae Mair wedi dewis y rhan orau, ac nis dygir oddi arni."

LUC 10:38-42

Doedd hi ddim yn hawdd trefnu bwyd ar gyfer dwsin neu fwy o ddynion llwglyd! Roedd Martha, wrthi'n y gegin, o dan dipyn o straen, tra oedd Mair yn gwrando ar Iesu. Ond gwrthododd Iesu ddanfon Mair i'r gegin - lle y disgwylid i wragedd fod. Roedd ei blaenoriaethau'n gywir, ac fe fanteisiai ar y cyfle i wrando a dysgu gan Iesu. Fe all gwaith, o ryw fath neu'i gilydd, lyncu ein hamser i gyd. Eto i gyd mae'n rhaid cymryd amser i ymdawelu a gwrando - uwchlaw popeth ar yr hyn sydd gan Dduw i'w ddweud.

Gweithio fel pâr

Dywedodd Iesu..."Dewch ataf i, bawb sy'n flinedig ac yn llwythog, ac fe roddaf fi orffwystra i chwi. Cymerwch fy iau arnoch a dysgwch gennyf, oherwydd addfwyn ydwyf a gostyngedig o galon, ac fe gewch orffwystra i'ch eneidiau. Y mae fy iau i yn hawdd ei dwyn, a'm baich i yn ysgafn."

MATHEW 11:28-30

Fe all gwneud pethau ar ein pennau ein hunain fod yn straen, ond mae Iesu'n gwahodd dynion a merched i rannu ei iau - i gydweithio ag ef. Fe ddefnyddiodd ddarlun cyfarwydd iddo ef o'i ddyddiau fel saer. I weithio'n gysurus roedd yn rhaid i'r ychen gael iau gyfforddus - harnes bren sy'n eu cydio wrth ei gilydd i weithio fel tîm. Mae'r Athro Barclay yn awgrymu mai Iesu a Joseff oedd y rhai gorau am wneud iau, ac o bosibl mai'r arwydd uwchben drws y siop oedd, 'Mae ein hieuau'n ffitio'n dda!' Fe siaradai Iesu â phobl oedd yn cael crefydd yn faich trwm. Roeddent yn flinedig iawn o'r herwydd. Roedd ef am ddangos ffordd well iddynt. Pe byddent yn derbyn iau cariad a gwyleidd-dra oedd ganddo *ef* i'w gynnig fe fyddai llawer o'r pwysau a'r straen yn diflannu. Ac mae Iesu ei hun yn addo bod wrth ein hymyl i weithio mewn partneriaeth â ni, a rhannu'r baich.

Ti ddiogyn!

Ti ddiogyn, dos at y morgrugyn, a sylwa ar ei ffyrdd a bydd ddoeth. Er nad oes ganddo arweinydd na rheolwr na llywodraethwr, y mae'n darparu ei gynhaliaeth yn yr haf, yn casglu ei fwyd amser cynhaeaf. O ddiogyn, am ba hyd y byddi'n gorweddian? Pa bryd y codi o'th gwsg? Ychydig gwsg, ychydig hepian, ychydig blethu dwylo i orffwys, ac fe ei'n dlawd fel crwydryn; byddi mewn angen fel cardotyn... Dywed y diog, 'Y mae llew ar y ffordd!'

DIARHEBION 6:6-11; 26:13

Nid oedd gan awdur y Diarhebion gydymdeimlad â'r sawl nad oedd am weithio! Mae'n eu barnu am beidio â chynllunio ymlaen er mwyn darparu ar eu cyfer eu hunain a'u teulu pan oedd y cyfle ganddynt. Mae'n eu beio am beidio â chymryd cyfrifoldeb ac am wastraffu cyfle ar ôl cyfle. Mae hefyd yn chwerthin am ben eu hesgusodion dros wneud dim. Nid oedd neb yn debyg o ddod ar draws llew ar y ffordd, ond mae pobl ddiog yn gwneud yr esgusodion rhyfeddaf i osgoi gwneud unrhyw ymdrech. Ambell dro mae blinder llwyr yn ein gwneud yn hollol ddi-ffrwt, ond gall gwneud y dewis rhwydd fynd yn arferiad drwg. Mae gorffwys pan fyddo'i angen yn ein hadfywio'n hyfryd, ond gall yr arfer o gymryd pethau'n ysgafn - meddai'r sylwebydd - fod yn ddim byd mwy na llai na diogi.

Nerth drwy gwsg

Yn ofer y codwch yn fore, a mynd yn hwyr i orffwyso, a llafurio am y bwyd a fwytewch; oherwydd mae ef yn rhoi i'w anwylyd pan yw'n cysgu.

SALM 127:2

Weithiau, po fwyaf blinedig a fyddwn, mwyaf i gyd y byddwn yn para i weithio. Rydym yn penderfynu aros ar ein traed yn hwyr i fynd dros y ffigyrau yna eto, neu i godi'n fore i baratoi ar gyfer yr ymwelwyr fydd yn dod. Efallai nad yw hyn yn syniad da. Mae'n bosibl bod mor flinedig nes bod beth bynnag a wnawn yn dda i ddim byd. Nid yw'r salmydd yn awgrymu os awn i'r gwely a chysgu, y bydd yna dylwyth teg caredig wedi gwneud y gwaith i ni. Ond y *mae* yn awgrymu ffordd o ddelio â gorweithio a blinder. Mae ymddiriedaeth lwyr yn ein Tad nefol yn ei gwneud hi'n bosibl i ni ymlacio a pheidio â bod mor bryderus dan bwysau gwaith. Mae ffydd yn Nuw yn ein helpu i gysgu'n dawel. Fe fydd cwsg felly yn gwneud lles i ni, ac yn ein cryfhau ar gyfer y tasgau fydd yn aros i'w cwblhau. A'r storm ar ei hanterth, fe gysgodd Iesu, oedd wedi blino'n lân, yn y cwch. Roedd ei ffydd yn ei Dad yn peri iddo ymlacio.

Peidiwch â blino ar wneud daioni!

Peidiwn â blino ar wneud daioni, oherwydd cawn fedi'r cynhaeaf yn ei amser, dim ond inni beidio â llaesu dwylo. Felly, tra bydd amser gennym, gadewch i ni wneud da i bawb, ac yn enwedig i'r rhai sydd o deulu'r ffydd.

GALATIAID 6:9-10

Os ydych yn cael eich cydnabod fel y math o berson sy'n barod i helpu, rydych yn siwr o fod yn treulio llawer o amser yn gofalu am eraill a chwrdd â'u hangenion. Mae'n rhwydd blino - nid yn unig yn gorfforol - wrth ymwneud yn barhaus â phobl eraill. Weithiau fe deimlwch eich bod wedi cael digon. Pam na wna rhywrai eraill y mân oruchwylion, ac edrych ar ôl y teulu, y cymdogion, y bobl yn yr eglwys neu eraill mewn gwaith? Mae'n amser, meddech wrthych eich hunain, i rywrai ofalu amdanoch *chi!* Gall teimladau fel hyn fod yn arwydd o flinder llwyr - yn gorfforol ac yn emosiynol. Mae'n bosibl bod angen hoe arnoch a bod angen proc ar eraill i rannu'r baich. Ond mae'r adnodau yn ein hatgoffa bod Duw yn gwobrwyo'r rhai sy'n cynorthwyo eraill. A phan ddisgrifiodd Iesu ei fywyd fe ddywedodd ei fod wedi dod i wasanaethu eraill nid i gael ei wasanaethu. Yng ngwaelod eu calonnau, mae ei ganlynwyr yn falch o ddilyn ei esiampl.

Y peth real

'Myfi yw bara'r bywyd. Bwytaodd ein tadau y manna yn yr anialwch, ac eto buont farw... Myfi yw'r bara bywiol hwn a ddisgynnodd o'r nef. Caiff pwy bynnag sy'n bwyta o'r bara hwn fyw am byth. A'r bara sydd gennyf i i'w roi yw fy nghnawd; a'i roi a wnaf dros fywyd y byd.'

IOAN 6:48-49, 51

Mae'r pedair efengyl yn adrodd yr hanes am Iesu'n porthi'r pum mil â'r torthau a'r pysgod. Fe ddywed Ioan wrthym fel yr oedd y dyrfa'n ei ddilyn gan obeithio cael rhagor o fwyd yn rhad. Dyma pryd y ceisiodd Iesu egluro bod ganddo rywbeth gwell na phrydau bwyd rhad i'w gynnig - pwysicach na bwyd i'r corff. Cyn bo hir fe fyddai'n rhoi ei fywyd drwy farw er mwyn i ni gael bwyd sy'n faeth i'n heneidiau a'n hysbrydoedd. Mae'r rhai sy'n cymryd Iesu i'w calon, yn ei dderbyn a chyflwyno'u bywydau iddo, yn gwneud Iesu, Bara'r Bywyd, yn rhan ohonynt hwy eu hunain. Maent yn derbyn bywyd tragwyddol - bywyd y Duw Tragwyddol. Roedd gwrandawyr cyntaf Iesu yn cael y ddysgeidiaeth hon yn anodd i'w deall a'i chredu, yn union fel ni heddiw o bosibl.

Rheswm dros ddathlu

Y trydydd dydd yr oedd priodas yng Nghana Galilea, ac yr oedd mam Iesu yno. Gwahoddwyd Iesu hefyd, a'i ddisgyblion, i'r briodas. Pallodd y gwin, ac meddai mam Iesu wrtho ef, 'Nid oes ganddynt win.'

IOAN 2:1-3

Yr amser hwnnw gwin oedd yr unig beth y medrid ei gynnig mewn priodas, a byddai bod heb ddim yn sarhad ar y gwahoddwr, ac yn difetha'r dathliadau i gyd. Felly fe achubodd Iesu'r sefyllfa drwy droi y dŵr yn y llestri cerrig i'r gwin gorau a brofodd llywydd y wledd erioed.

Mae Ioan yn galw gwyrthiau Iesu yn 'arwyddion' oherwydd maent yn cyfeirio at rywbeth pwysicach na'r digwyddiad a ddisgrifir. Mae ystyr ysbrydol bwysig i bawb yn yr hyn a wnaeth Iesu. Pan drodd y dŵr yn win fe ddangosodd Iesu ei allu i droi bywyd cyffredin diflas yn un cyfoethog a boddhaus. Mae'n syndod bod y bywyd Cristnogol weithiau yn cael ei bortreadu fel un diflas a di-liw pan fo iddo fywyd a sbonc gwin newydd. Wrth gwrs, nid yw'r bywyd Cristnogol yn un o bleser pur a dathlu, ond mae iddo ryw islais o fodlonrwydd a boddhad sydd ar goll mewn bywyd sy'n amddifad o gyffyrddiad Iesu.

Brecwast barbeciw

Wedi iddynt lanio, gwelsant dân golosg wedi ei wneud, a physgod arno, a bara... 'Dewch,' meddai Iesu wrthynt, 'cymerwch frecwast.'

IOAN 21:9,12

Rydym yn cofio prydau bwyd bythgofiadwy. Efallai y cofiwn, gyda llawenydd mawr, adegau arbennig a'r ffrindiau oedd gyda ni yn ogystal â'r bwyd blasus. Roedd Pedr, y pysgotwr, a'i ffrindiau, wedi treulio noson ddiffrwyth ar y llyn, heb ddal yr un pysgodyn am eu trafferth. Yn awr, wrth i'r wawr oer dorri, mae arnynt eisiau bwyd, maent yn flinedig ac hwyrach yn wlyb. Mae yna lais ar y lan yn galw, ac mae Iesu, eu Meistr, oedd unwaith mor gyfarwydd iddynt, i'w weld yn brysur yn paratoi brecwast barbeciw ar y traeth. Go brin bod pysgodyn newydd ei ddal a'i goginio ar y barbeciw a bara ffres erioed wedi blasu'n well. Roedd Iesu'n fyw - y newydd gorau ar ôl y digwyddiadau erchyll yr oeddent wedi bod yn dyst ohonynt yn ddiweddar. Roedd yn para i fod yn ofalus ohonynt, ac i baratoi ar eu cyfer. Mae i'r stori elfen arall, llai pwysig o bosibl, sy'n rhoi boddhad. Gall coginio fod yn bleserus, ond gall paratoi bwyd diddiwedd fod yn faich. Mae'n braf deall bod y Meistr yn gwybod o brofiad am y llawenydd a'r gwaith o baratoi pryd o fwyd i deulu newynog.

I'r dyn sydd â phopeth

A dywedodd Ahab wrth Naboth, 'Rho dy winllan i mi i fod yn ardd lysiau, gan ei bod mor agos i'm tŷ...' Dywedodd Naboth wrth Ahab, 'Yr Arglwydd a'm gwaredo rhag rhoi i ti etifeddiaeth fy nhadau.'

1 BRENHINOEDD 21:2-3

Roedd gan Ahab bopeth yr oedd arno'i eisiau - a mwy. Roedd ganddo wraig hefyd, Jesebel, oedd yn gwbl ddihidio o orchmynion Duw. Roedd yn meddwl y dylai'r brenin gael beth bynnag yr oedd arno'i eisiau. Gwrthododd Naboth iddo gael ei winllan oherwydd yr oedd yn perthyn i etifeddiaeth ei dadau, felly aeth Ahab yn ddigalon, taflodd ei hun ar ei wely a gwrthod bwyta. Yna cymerodd Jesebel yr awenau. Gorchymynnodd arestio Naboth a'i gamgyhuddo o felltithio Duw, a'r gosb am hynny oedd dedfrydu i farwolaeth. Felly meddiannwyd ei eiddo, a dyma Jesebel yn cyflwyno'r winllan a chwenychai Ahab iddo. Ond fel yr âi Ahab i berchenogi'r winllan y person cyntaf a gwrddodd oedd proffwyd Duw, Elias. Ni fyddai Duw yn goddef i ddyn dieuog wynebu achos celwyddog yn ei erbyn ac yna cael ei lofruddio; na chwaith yn goddef i frenin fanteisio'n annheg ar ddinasyddion. Fe fyddai Ahab a Jesebel yn talu'r pris. Roedd trachwant a hunanoldeb wedi arwain i anghyfiawnder a mwrdwr.

Gofyn am ragor

Gwyddoch hyn yn sicr, nad oes cyfran yn nheyrnas Crist a Duw i neb sy'n buteiniwr neu'n aflan, ac i neb sy'n drachwantus, hynny yw, yn eilunaddolwr.

EFFESIAID 5:5

Hen air arall am drachwant yw chwennych. Meddai'r olaf o'r Deg Gorchymyn, 'Na chwennych...' gan enwi rhes o bethau y medrai cymydog daflu llygad eiddigus tuag atynt! Bellach pan soniwn am chwennych rhywbeth rydym yn sôn yn ddiniwed am y dymuniad o feddu rhywbeth nad oes gennym y gobaith lleiaf o'i gael. Peth arall yw trachwant. Mae'n hollol anneniadol ac ychydig ohonom a fyddai'n fodlon cyfaddef iddo. Ond rydym mewn cymdeithas drachwantus ac nid yw'n syndod ein bod ninnau'n mynd felly. Pan holwyd rhai a enillodd filiynau ar y loteri, eu siom oedd na fyddent wedi ennill rhagor. Hwyrach yr hoffem fwy o arian neu fwy o'r pethau y mae arian yn eu prynu, ond po fwyaf sydd gennym mwyaf sydd arnom ei eisiau. Mae'r Beibl yn galw trachwant yn fath o eilunaddoli - rhoi pethau materol yn lle Duw. Ac fe restra drachwant gyda'r pechodau rhywiol y mae'r eglwys yn fwy parod i'w condemnio.

Ennill mwy i roi mwy

Y mae'r lleidr i beidio â lladrata mwyach; yn hytrach, dylai ymroi i weithio'n onest â'i ddwylo ei hun, er mwyn cael rhywbeth i'w rannu â'r sawl sydd mewn angen.

EFFESIAID 4:28

Tybed beth yw rheswm pobl dros geisio cael mwy o gyflog neu fonws blynyddol mawr. Mae'n debyg bod pobl am dalu eu biliau a chwrdd ag anghenion eraill y teulu. Mae gan eraill gynlluniau mwy rhwysgfawr. Gall mwy o gyflog olygu gwell tŷ, modur mwy, gwyliau cyffrous... mae'r rhestr yn ddiddiwedd. Ond mae Paul yn rhoi rheswm gwahanol dros ennill mwy o arian. Mwyaf i gyd o arian a ddaw i mewn, mwyaf i gyd sydd ar gael i helpu eraill mewn angen. Mae Paul yn dechrau gyda'r gwaith ei hun. Mae'n edrych yn debyg bod rhai o'r Cristnogion yn Effesus wedi cael arian y ffordd rwyddaf - drwy ladrata. Mae'n eu cynghori i wneud yn siwr eu bod yn ennill eu bywoliaeth mewn ffyrdd onest. Yna fe ddylent ystyried, nid yn nhermau trachwant ond rhoi â llaw agored i'r anghenus. Rheswm da dros gyfrannu yw'r arf gorau i wrthsefyll trachwant.

Diolch am y cynhaeaf

Yr wyt yn coroni'r flwyddyn â'th ddaioni, ac y mae dy lwybrau'n diferu gan fraster. Y mae porfeydd yr anialdir yn diferu, a'r bryniau wedi eu gwregysu â llawenydd; y mae'r dolydd wedi eu gwisgo â defaid, a'r dyffrynnoedd wedi eu gorchuddio ag ŷd, y maent yn bloeddio ac yn gorfoleddu.

SALM 65:11-13

Mae rhywbeth mewn gwasanaeth diolchgarwch sy'n rhoi boddhad arbennig. Mae'r digonedd o ffrwythau, llysiau, blodau a'r grawn, y lliwiau llachar yn rhoi pleser pur. Ond mae diolch am ein cynhaeaf da ni ein hunain yn gysylltiedig yn aml â chofio am - a rhoi i - rai yn ein byd lle mae'r cynhaeaf wedi methu oherwydd trychinebau naturiol neu rai dynol, a rhai sy'n crafu byw. Cydnabyddwn nad ar Dduw y mae'r bai bod yna gymaint mewn eisiau yn ein byd. Pe bai pawb yn rhannu'r adnoddau byddai digon i bawb. Yn ein hoes ni rydym yn mewnforio nwyddau moethus o wledydd tlawd yn ogystal â rhai cyfoethog. Ond wrth ddiolch i Dduw am y cynhaeaf a'r pethau prin a gawn o wledydd eraill, mae arnom ddyled i'n brodyr a'n chwiorydd i ofalu bod y nwyddau a brynwn yn rhoi cyflog teg iddynt hwy hefyd gael digon i'w fwyta.

Byddwch ddiolchgar!

Fy enaid, bendithia'r Arglwydd, a'r cyfan sydd ynof ei enw sanctaidd.
Fy enaid, bendithia'r Arglwydd, a phaid ag anghofio'i holl ddoniau.

SALM 103:1-2

Cofiaf orfod dysgu'r salm hon ar fy nghof pan oeddwn yn ifanc iawn. Dysgais y *geiriau* y pryd hynny, ond rwy'n brwydro o hyd i geisio byw y salm. Roedd rhywun yn siarad ar y radio am dreulio wythnos yng nghwmni cyfaill o agnostig. Yr hyn a darodd yr agnostig oedd diolchgarwch parhaus y Cristion. Mae'n rhwydd mynd i'r arfer o gwyno - am y tywydd, am y llywodraeth, am ein gwaith, neu gostau byw - ond fe ddylai Cristnogion fod yn bobl ddiolchgar. Mae awdur y salm hon yn rhestru rhai o'r bendithion a gafodd gan Dduw. Maent yn cynnwys maddeuant, gwellhad o afiechyd, bwyd bob dydd, nerth i weithio, yn ogystal â thrugaredd, caredigrwydd, a'r gofal parhaus a ddaw oddi wrth Dduw. Mae'n cofio fel y mae Duw bob amser yn cadw ei addewidion. Hwyrach y dylai ein gweddïau ganolbwyntio mwy ar ddiolchgarwch a moliant i Dduw a llai ar ein hangenion a'n cwyno. Gallwn ddefnyddio geiriau'r salm i'n helpu.

Dim ond deg y cant yn diolch!

Ac un ohonynt... a syrthiodd ar ei wyneb wrth draed Iesu gan ddiolch iddo; a Samariad oedd ef. Atebodd Iesu, "Oni lanhawyd y deg? Ble mae'r naw? Ai'r estron hwn yn unig a gafwyd i ddychwelyd ac i roi gogoniant i Dduw?"

LUC 17:15-18

'D'wedwch diolch' yw un o'r pethau cyntaf a ddysgwn i'n plant, ond mae llawer heb ddysgu'r wers ar hyd eu bywyd. Pan iachaodd Iesu ddeg o wahangleifion, dim ond un a ddaeth yn ôl i ddiolch iddo. Hwn fyddai'r olaf y byddai Iesu yn ei ddisgwyl yn ei ôl. Roedd yn perthyn i sect ddirmygedig y Samariaid ac wedi cael iachâd gan Iddew. Nid oedd raid iddo ddweud yr un gair - roedd osgo'i gorff yn dweud y cwbl. Nid yw *dweud* 'diolch' o angenrheidrwydd yn cyfrif, ond mae gweithred o ddiolch - efallai cofleidio neu wenu'n serchog - yn siarad cyfrolau. Nid yw gweithred ffurfiol o ddiolch i'w chymharu ag ymateb go iawn, cynhesol o werthfawrogiad. Os ydym *ni* yn hoffi cael diolch, felly hefyd Duw - yn ogystal â'n rhieni, ein plant, ein cymar a'n cyfeillion.

'Gadewch i'r plant ddod ataf i!'

Yr oeddent yn dod â phlant ato, iddo gyffwrdd â hwy. Ceryddodd y disgyblion hwy, ond pan welodd Iesu hyn aeth yn ddig, a dywedodd wrthynt, "Gadewch i'r plant ddod ataf i; peidiwch â'u rhwystro, oherwydd i rai fel hwy y mae teyrnas Dduw yn perthyn..." A chymerodd hwy yn ei freichiau a'u bendithio, gan roi ei ddwylo arnynt.

MARC 10:13-14, 16

Roedd y tyrfaoedd yn gwasgu ar Iesu'n barhaus i'w gyffwrdd i geisio cael iachâd neu i ofyn cwestiynau ynglŷn â'u crefydd iddo. Mae'n debyg bod y disgyblion yn ei gweld yn rhan o'u gwaith i amddiffyn y Meistr rhag gormod o alwadau diangen ac ymyriadau. Pan geisiodd y mamau hyn - os oeddent yn famau - ddod â'u plant at Iesu, ceisiodd y disgyblion eu rhwystro. Nid oedd plant yn cael eu cyfrif yn bwysig, ac ni ddisgwylid i Iesu roi amser i gymryd unrhyw sylw ohonynt. Fe aeth Iesu'n ddig am fod y disgyblion am gael gwared o'r plant mor ddiseremoni. Roedd ei ofal yn fawr dros blant. Roedd hefyd yn cydnabod mai gan blant y mae'r ymddiriedaeth ddi-lol honno, na fedrwn fynd i mewn i'r deyrnas hebddi.

Edrych ar ôl plant

A chymerodd blentyn, a'i osod yn eu canol hwy; cymerodd ef i'w freichiau, a dywedodd wrthynt, "Pwy bynnag sy'n derbyn un plentyn fel hwn yn fy enw i, y mae'n fy nerbyn i, a phwy bynnag sy'n fy nerbyn i, nid myfi y mae'n ei dderbyn, ond yr hwn a'm hanfonodd i."

MARC 9:36-37

Fel y gwelsom ni, nid oedd plant yn cael eu cyfrif yn bwysig yn amser Iesu. Ond rhoddodd Iesu y pwyslais mwyaf ar dderbyn a chroesawu plentyn. Rydym yn meddwl am yr oes sydd ohoni fel un sy'n blentyn ganolog, eto i gyd nid yw llawer o bobl am ddewis y gwaith anodd o fagu teulu. Ni roddir y gwerth priodol ar ofalu am blant ac edrych ar eu hôl. Mae'r tad neu'r fam sy'n aros gartref - gan aberthu'n ariannol yn aml - i roddi amser a gofal i blentyn, yn cael llai o barch na rhywun sydd mewn swydd bwysig. Mae llawer o ferched am gael plant, er nad ydynt yn barod i wynebu'r gwaith beunyddiol a blinedig y mae gofalu amdanynt yn ei olygu. Gwell gan lawer dalu am help. Mae'n braf i'r rhai sydd yn gofalu am blant, ond sydd, a hynny'n ddealladwy, yn teimlo na chânt eu gwerthfawrogi a'u bod yn cael eu gorweithio, bod gan Iesu ganmoliaeth iddynt. Pan fyddwn yn croesawu ac yn gofalu'n garedig am blentyn, rydym yn croesawu Iesu a'i Dad hefyd.

Cyngor sut i fagu plant!

Chwi dadau, peidiwch â chythruddo'ch plant, ond eu meithrin yn nisgyblaeth a hyfforddiant yr Arglwydd.

EFFESIAID 6:4

Mae Paul yn rhoi dau gyngor ynglŷn â magu plant - un yn negyddol a'r llall yn gadarnhaol. I ddechrau, nid ydym i wneud ein plant yn flin. Mae'r ffordd y dysgwn hwy a'u cywiro mor bwysig â'r gwersi a geisiwn eu dysgu iddynt. Mae hi mor rhwydd cyrraedd man lle mae ein plant yn barhaus yn ddig ac yn gwrthod cyd-dynnu - yn enwedig yn eu harddegau cynnar - ac fe fedrwn ddirywio i fod yn rhieni sy'n swnian ac yn awdurdodol. Gallwn fynd i'r pegwn arall, peidio â malio a rhoi rhy ychydig o arweiniad. Mae'n bwysig ceisio cadw perthynas iach a pheidio â chodi cywilydd arnynt, ac ar y llaw beidio â rhoi cymaint o benrhyddid iddynt nes ymddangos nad ydym yn poeni o gwbl am eu lles.

Ar yr ochr gadarnhaol, fe ddylem ganolbwyntio ar y pynciau pwysig a rhoi arweiniad yn y pethau pwysicaf. Pan ddilynwn gyfarwyddiadau'r Beibl, mae gennym obaith y byddwn yn pwysleisio'r gwerthoedd mewn bywyd sy'n cyfrif fwyaf.

Pleser mewn anifeiliaid anwes.

Yr oedd gan yr un cyfoethog lawer iawn o ddefaid ac ychen; ond nid oedd dim gan yr un tlawd, ar wahân i un oenig fechan yr oedd wedi ei phrynu a'i magu, a thyfodd i fyny ar ei aelwyd gyda'i blant, yn bwyta o'r un tamaid ag ef, yn yfed o'r un cwpan, ac yn cysgu yn ei gôl; yr oedd fel merch iddo.

2 SAMUEL 12:2-3

Mae'r darlun cryno hwn o anifail anwes yn dod mewn dameg a adroddodd y proffwyd Nathan i argyhoeddi'r Brenin Dafydd o'i bechod. Ond, fel atodiad i brif ergyd y ddameg, mae'r cyfeiriad bod yna anifail anwes tua mil o flynyddoedd yn ôl yn deimladwy ac yn galonogol. Gwyddom o brofiad fod ci neu gath yn medru dod â hapusrwydd a chysur i blentyn unig neu anhapus. Mae pobl hŷn sy'n unig yn dibynnu'n aml ar gwmni anifail anwes. Mae seicolegwyr wedi pwysleisio peth mor iachus yw bod yn berchen anifail, ac mae rhai ysbytai plant a chartrefi henoed yn croesawu cŵn neu gathod fel ymwelwyr. Ond, ar wahân i therapi, mae llawer ohonom yn medru gwarantu gwirionedd y pleser a geir o anifail anwes. Maent yn rhodd gan Dduw.

Doethineb asyn

Dywedodd angel yr Arglwydd wrtho, "Pam y trewaist dy asen y teirgwaith hyn? Fe ddeuthum i'th rwystro am dy fod yn rhuthro i fynd o'm blaen, ond gwelodd dy asen fi a throi oddi wrthyf deirgwaith. Pe na bai wedi troi oddi wrthyf, buaswn wedi dy ladd di ac arbed dy asen."

NUMERI 22:32-33

Rhaid darllen y stori ryfeddol hon i gyd. Fe gychwynnodd Balaam - proffwyd a ddylai wybod ewyllys Duw - ar daith i felltithio pobl Dduw a hynny am dâl. Pan dorrodd angel yr Arglwydd ar draws ei lwybr nid oedd yn gweld dim. Ond *fe* welodd yr asen rywbeth, ac aeth o'r neilltu mewn pryd, ond yn y diwedd fe fu'n rhaid iddi orwedd, - a Balaam yn dal ar ei chefn - pan na fedrai symud 'i'r dde na'r chwith'. Am hyn cafodd gurfa galed yn ogystal â phryd o dafod. Yna er mawr syndod iddo clywodd Balaam yr asen yn siarad, gan roi ei hochr *hi* o'r hanes. A chadarnhaodd yr angel hynny. A yw anifeiliaid weithiau yn fwy sensitif i'r awyrgylch, i berygl neu i bresenoldeb dwyfol na phobl? Maent yn bendant yn adnabod angen a theimladau eu perchnogion, ambell dro yn arbed eu bywydau fel asen Balaam yma.

Mae anifeiliaid yn cyfrif

"Oni thosturiaf finnau wrth Ninefe, y ddinas fawr, lle mae mwy na chant ac ugain o filoedd o ddynion sydd heb wybod y gwahaniaeth rhwng y llaw chwith a'r llaw dde, heb sôn am lu o anifeiliaid?"

JONA 4:11

Geiriau sy'n cloi llyfr Jona yw'r geiriau hyn. Mae'r stori wedi ei gweu yn ddeheuig, wedi ei hysgrifennu'n gryno a ffraeth, gan ddangos culni llawer o bobl grefyddol, y pryd hynny a heddiw. Roedd Jona, yn anfoddog, wedi ufuddhau i ail orchymyn Duw i bregethu i bobl Asyria yn eu prif ddinas Ninefe. Yr oedd yn barod i daranu collfarn a chosb yn erbyn y bobl ddrwg-enwog hyn. Ond pan edifarhasant o ddifrif am eu drygioni nid oedd yn barod i edrych arnynt yn mwynhau trugaredd a charedigrwydd Duw. Roedd Jona am eu gweld yn dioddef! Yn dyner ceisiodd Duw gael Jona i weld ei ochr ef o'r darlun. Mae Duw yn caru dynion a merched ac mae bob amser am faddau a thrugarhau yn hytrach na chosbi. Mae gair olaf Duw i Jona yn ymwneud â'r anifeiliaid. Pe byddai Ninefe wedi ei dinistrio nid pobl yn unig a fyddai wedi cael eu difa. Roedd Duw yn pryderu am yr holl anifeiliaid a fyddai wedi dioddef hefyd.

Gobaith ac ymddiriedaeth

Nid oes terfyn ar drugaredd yr Arglwydd, ac yn sicr ni phalla ei dosturiaethau. Y maent yn newydd bob bore, a mawr yw dy ffyddlondeb... Da yw'r Arglwydd i'r rhai sy'n gobeithio ynddo, i'r rhai sy'n ei geisio. Y mae'n dda disgwyl yn dawel am iachawdwriaeth yr Arglwydd.

GALARNAD 3:22-23, 25-26

Mae enw'r llyfr hwn - Galarnad - yn disgrifio'i gynnwys. Mae'r farddoniaeth sydd ynddo yn farwnadau trist a digalon i'r hyn a ddigwyddodd i Jerwsalem. Roedd yr awdur - neu'r awduron - yn siwr o fod yn llygad dyst o'r ymosodiad ofnadwy ar Jerwsalem a'i dinistr yn 587 CC gan y Babiloniaid. Ambell dro fe welir golygfeydd arswydus fel hyn ar y teledu - plant newynog, mamau di-gefn gyda'u plant crebachlyd yn marw, adeiladau'n adfeilion, cyrff marw yn y llwch a llinellau hir o ffoaduriaid wedi'u clwyfo. Dim lle i obaith i bob golwg. Eto, yn rhyfeddol, yng nghanol y dioddef a'r anobaith mae'r awdur hwn yn llawn hyder yn Nuw ac yn ddiolchgar iddo. Fe ddisgleiria'r geiriau fel perlau ar felfed du. Mae'r awdur yn cydnabod ffyddlondeb Duw, ac mae'n barod i dderbyn y dioddefaint a'r boen, yn siwr y bydd unwaith eto *yn* profi grym achubol Duw.

Y broses o alaru

"Noeth y deuthum o groth fy mam, ac yn noeth y dychwelaf yno. Yr Arglwydd a roddodd, a'r Arglwydd a ddygodd ymaith. Bendigedig fyddo enw'r Arglwydd."

JOB 1:21-22

Mae'r bennod gyntaf o lyfr Job yn disgrifio'n ddramatig fel y mae trychinebau wedi amddifadu Job o'i blant, ei weision, ei gnydau a'i anifeiliaid. Roedd yn gyfoethog iawn ac yn golofn yn ei gymdeithas. Nid oedd ganddo un dim ar ôl. Ond ei ymateb cyntaf yw derbyn hawl Duw i gymryd ymaith yn ogystal ag i roi. Mae'n para i fedru addoli a chydnabod Duw. Ond fel yr eglurodd un ysgolhaig, mae'n cymryd gweddill y llyfr - deugain a dwy o benodau - i Job ddeall yn emosiynol a thrwy brofiad y llam yna o ffydd. Rydym weithiau yn cwrdd â phobl y mae eu ffydd fel pe bai'n gadarn fel y graig yn wyneb galar a dioddef. Ond nid yw'r hyn a welwn y tu allan yn dweud y stori i gyd. Hwyrach iddynt fynd drwy broses hir a phoenus cyn iddynt fedru ymateb yn gyfangwbl i Dduw mewn cariad a ffydd. Efallai y bu'n rhaid wynebu teimladau o ddicter, amheuaeth a siom ar y daith anodd i gyrraedd ymddiriedaeth lwyr yn Nuw.

Croesau i'w cario

A dywedodd wrth bawb, "Os myn neb ddod ar fy ôl i, rhaid iddo ymwadu ag ef ei hun a chodi ei groes bob dydd a'm canlyn i."

LUC 9:23

Mae'r sylw 'Mae gan bawb ohonom ein croesau i'w cario' yn un y mae pobl yn ei wneud yn aml pan fyddant yn awyddus i anwybyddu mân afiechydon ac anawsterau. Ond yn nyddiau Iesu roedd y darlun yn un oer a chreulon. Roedd yn rhaid i gaethweision a drwgweithredwyr gario darn traws y groes i le'r croeshoelio. Mae Iesu'n atgoffa ei ddilynwyr - y pryd hynny a heddiw - bod ei ddilyn ef yn golygu marw i'r hunan. Nid rhywbeth am unwaith yw cario'r groes ond disgyblaeth ddyddiol o ddweud 'Na' wrth yr hunan. Hwyrach nad yw'n golygu dioddef ar raddfa fawr, ond gall fod yn boenus. Rhoi eraill yn gyntaf, edrych ar eu hôl, ymatal pan hoffem ddweud ein meddwl heb flewyn ar dafod, neu siarad pan hoffem beidio - fe all anghofio hunan fod yn galed. Nid wyf yn meddwl bod Iesu'n golygu i'w ganlynwyr fynd o dan draed ac ymwadu â byw'n naturiol. Drwy ddewis codi croes hunanymwadiad rydym yn cofleidio'n hapus ffordd cariad a agorwyd gan Iesu ei hun.

Cartref yw'r nefoedd

"Peidiwch â gadael i ddim gynhyrfu'ch calon. Credwch yn Nuw, a chredwch ynof finnau. Yn nhŷ fy Nhad y mae llawer o drigfannau; pe na byddai felly, a fyddwn i wedi dweud wrthych fy mod yn mynd i baratoi lle i chwi? Ac os af a pharatoi lle i chwi, fe ddof yn ôl, a'ch cymryd chwi ataf fy hun, er mwyn i chwithau fod lle yr wyf fi."

IOAN 14:1-3

Mae'r geiriau hyn yn cael eu darllen mewn angladdau er cysur i'r galarwyr. Mae'n rhaid eu bod wedi calonogi'r disgyblion pan lefarodd Iesu hwy y noson honno cyn ei farw. Ond tybed faint y pryd hynny yr oeddent yn ei ddeall... neu yr ydym ni yn ei ddeall heddiw. Ni ddisgrifiodd Iesu y nefoedd inni - hwyrach nad oes geiriau ar gyfer hynny - ond fe ddywedodd bethau i'n cysuro. Siaradodd am 'drigfannau' yn y nefoedd, ac ystyr 'trigfan' yw lle parhaol i fyw ynddo. Mae bod yn ddigartref yn sefyllfa arswydus ac mae'r rhan fwyaf ohonom yn caru dod adref - mae'n golygu bod yn ddiogel, yn gysurus a bod yn ni ein hunain. Fe fydd bod yn y nefoedd fel bod gartref - a'r peth gorau i gyd, fe fydd hyn yn golygu bod gyda Iesu.

Dinasyddion y nefoedd

Oherwydd y mae llawer... sydd o ran eu ffordd o fyw yn elynion croes Crist. Distryw yw eu diwedd, chwant yw eu duw, ac yn eu cywilydd y mae eu gogoniant; dynion â'u bryd ar bethau daearol ydynt. Oherwydd yn y nefoedd y mae ein dinasyddiaeth ni, ac oddi yno hefyd yr ydym yn disgwyl Gwaredwr, sef yr Arglwydd Iesu Grist. Bydd ef yn gweddnewid ein corff darostyngedig ni ac yn ei wneud yn unffurf â'i gorff gogoneddus ef, trwy'r nerth sydd yn ei alluogi i ddwyn pob peth dan ei awdurdod.

PHILIPIAID 3:18-21

Wrth edrych o amgylch fe wêl Paul fod llawer o bobl yn defnyddio eu hegni i gyd i fwynhau pethau'r byd hwn. Nid oes ganddynt ddyfodol y tu hwnt i'r presennol. Ond mae Crstnogion yn perthyn i ddau fyd. Mae iddynt ddinasyddiaeth ddwbl: maent yn ddinasyddion o'r byd hwn ac hefyd yn ddinasyddion y nefoedd. Maent yn aros am y dydd y bydd Iesu, eu gwir frenin, yn dychwelyd a mynd â hwy i'w gwir gartref. Fe fydd hyd yn oed eu cyrff wedi newid y pryd hynny. Fe fydd holl wendidau oed, afiechyd, anabledd a dioddefaint yn diflannu yn newydd-deb a gogoniant anfarwoldeb.

Duw - y canolbwynt

Ar ôl hyn edrychais, ac wele dyrfa fawr na allai neb ei rhifo, o bob cenedl a'r holl lwythau a phobloedd ac ieithoedd, yn sefyll o flaen yr orsedd ac o flaen yr Oen, wedi eu gwisgo â mentyll gwyn, a phalmwydd yn eu dwylo. Yr oeddent yn gweiddi â llais uchel; "Buddugoliaeth i'n Duw ni, sy'n eistedd ar yr orsedd, ac i'r Oen!"

DATGUDDIAD 7:9-10

Mae pobl wedi eu creu ar gyfer addoli! Fe welwn hyn yn y clodfori sydd ar eilunod pêl-droed, eiconau pop neu'r teulu brenhinol. Ond Duw yn unig sydd yn deilwng o'n haddoliad. Mae darlun Ioan o'r nefoedd yn dangos Duw yng nghanol y cyfan, a llawenydd pennaf y dyrfa luosog o bobl yw ei addoli. Brwdfrydedd, canmol, llawenydd, cariad ac anghofio hunan yn llwyr yw egwyddorion canolog addoli a chraidd y nefoedd. Pa wlad neu iaith bynnag y perthynwn iddynt, mae yma undod llwyr wrth i bawb uno i ganmol a chlodfori Duw. Gelwir Iesu yn Oen - atgof o'i farw aberthol. Mae'r addolwyr wedi eu gwisgo mewn gwyn - efallai i gynrychioli'r glendid a'r daioni a roddwyd iddynt gan Iesu. Mae palmwydd buddugoliaeth yn cael eu chwifio, oherwydd mae Ioan yn disgrifio'r amser pan fydd Duw yn cael ei gydnabod yn frenin y bydysawd i gyd.

Breuddwydion

Yn yr ail flwyddyn o'i deyrnasiad breuddwydiodd Nebuchadnesar; yr oedd ei feddwl yn gynhyrfus ac ni allai gysgu... Meddai'r brenin wrth Daniel... "A fedri di ddweud wrthyf beth oedd y freuddwyd a welais, a'i dehongli?" Atebodd Daniel, "Nid oes doethion na swynwyr na dewiniaid na brudwyr a fedr ddehongli i'r brenin y dirgelwch y mae'n holi yn ei gylch; ond y mae Duw yn y nefoedd sy'n datguddio dirgelion."

DANIEL 2:1, 26-28

Yn y llys ym Mabilon, lle'r oedd Daniel a'i gyfeillion yn garcharorion alltud, roedd breuddwydion yn bethau pwysig. Roedd myfyrwyr yn astudio llyfrau trwchus er mwyn ceisio'u dehongli. Ond roedd disgrifio'r freuddwyd yn ogystal â dehongli'r ystyr yn fwy nag a ddisgwylid gan y doethaf o gynghorwyr y llys! Eto i gyd, fe orchmynnodd Nebuchadnesar ddienyddio ei gynghorwyr oni fedrent esbonio'r freuddwyd iddo. Fe wyddai Daniel bod Duw o'r tu ôl i freuddwyd y brenin ac mai ef fyddai'n rheoli'r dyfodol y proffwydid amdano yn y freuddwyd. Mae seicolegwyr heddiw yn credu bod breuddwydion yn rhoi allwedd i'r isymwybod, ac fe geir erthyglau poblogaidd yn awgrymu y medrwn ein deall ein hunain drwy ddehongli ein breuddwydion. Fe all Duw siarad â ni ambell dro heddiw mewn breuddwyd, os ydym yn gwrando amdano. Drwy fyfyrdod a gweddi gallwn ofyn i Dduw wneud yr ystyr yn amlwg i ni.

O weledigaeth i waith

Pan oedd y rhain ar eu taith ac yn agosáu at y ddinas, aeth Pedr i fyny ar y to i weddïo, tua chanol dydd... a thra oeddent yn ei baratoi, aeth i lesmair.

ACTAU 10:9, 10

Pysgotwr â'i draed ar y ddaear oedd Pedr, nid rhywun â'i ben yn y cymylau. Eto i gyd fe ddefnyddiodd Duw weledigaeth i'w symbylu i waith. Yn y weledigaeth dywedodd Duw wrtho am fwyta bwyd oedd fel rheol yn cael ei wahardd gan y deddfau bwyd Iddewig. Pan brotestiodd Pedr fe sicrhaodd

Duw ef fod pob bwyd yn 'lân' yn ei olwg.

Ar yr un adeg cyrhaeddodd milwyr Rhufeinig i'r lle'r oedd Pedr yn aros a gofyn iddo fynd i dŷ eu canwriad i ddweud mwy wrtho am Dduw. Ni fyddai Pedr wedi meddwl am fynd i dŷ Cenedl-ddyn cyn cael y weledigaeth. Iddewon oedd y Cristnogion cyntaf ac nid oeddent wedi meddwl bod yr efengyl yn agored i'r Cenhedloedd yn ogystal. Ond fe ddechreuodd Pedr ddeall neges Duw: Mae Duw yn derbyn pobl o bob cenedl, yn union fel y medrid bwyta pob math o fwyd. Newidiodd gweledigaeth Pedr gwrs hanes. Fe'i symbylwyd i fynd gyda'r milwyr, ac, am y tro cyntaf erioed pregethwyd yr efengyl i rai nad oeddent yn Iddewon.

Llygaid i weld

Pan gododd gwas y proffwyd yn y bore bach, a mynd allan, dyna lle'r oedd byddin a meirch a cherbydau o amgylch y dref, ac meddai, "O feistr, beth a wnawn ni?" Dywedodd yntau, "Paid ag ofni; y mae mwy gyda ni nag sydd gyda hwy." Yna gweddïodd Eliseus... "Agor ei lygaid, iddo weld." Ac agorodd yr Arglwydd lygaid y llanc, ac yna fe welodd y mynydd yn llawn meirch a cherbydau tanllyd o gwmpas Eliseus.

2 BRENHINOEDD 6:15-17

Daeth ofn dychrynllyd ar was ifanc Eliseus pan ddeffrôdd a gweld y ddinas wedi ei hamgylchynu gan filwyr a marchogion y gelyn. Ond roedd Eliseus, y proffwyd, yn gwybod bod Duw yn llawer iawn cryfach nag unrhyw fyddin. Nid oedd yn rhaid iddo weld y llu angylaidd i wybod ei fod yn ddiogel. Ond roedd ar ei was angen prawf. Felly gweddïodd Eliseus am i'w was weld presenoldeb Duw yn ei argyfwng.

Mae Iesu yn yr efengylau yn ein sicrhau bod angylion Duw yn gwarchod 'y rhai bychain.' Efallai bod 'rhai bychain' yn cynnwys pawb ohonom sydd yn teimlo angen am nerth a chymorth Duw. Nid ydym yn gweld angylion yn aml, ond y maent o'n hamgylch - negeswyr Duw yn ein diogelu a'n hamddiffyn.

Dim troi'n ôl

Ac meddai un arall, "Canlynaf di, Arglwydd; ond yn gyntaf caniatâ i mi ffarwelio â'm teulu." Ond meddai Iesu wrtho, "Nid yw'r sawl a osododd ei law ar yr aradr, ac sy'n edrych yn ôl, yn addas i deyrnas Dduw."

LUC 9:61-62

Fe all troi'n ôl fod yn ymarfer llesol ambell dro. Mae'n gwneud synnwyr edrych yn ôl i weld sut yr ydym wedi ymddwyn yn y gorffennol, ac i osgoi gwneud yr un camgymeriadau yn y presennol. Ond mae yna fath arall o edrych yn ôl nad yw o ddim lles o gwbl - yn wir gall fod yn rhwystr difrifol. Unwaith y byddwn wedi gwneud penderfyniad pwysig na fedrir ei newid, ac sy'n newid cwrs bywyd, rhaid aros yn ymroddedig heb edrych yn ôl, gan gadw'n llygaid ar y nod. Fe all hyn fod yn arbennig o wir yn ein perthynas â'n gilydd. Canlyn Iesu yw'r enghraifft orau o ymroddiad diŵyro. Hwyrach nad oedd y dyn hwn yn yr efengylau wedi penderfynu bod yn gwbl ffyddlon i Iesu. Roedd ei gariad cyntaf o hyd at ei deulu. Fe ddywedodd Iesu'n blaen bod edrych yn ôl a hiraethu am bethau yr ydym wedi eu gadael o'r tu cefn inni yn ein gwneud yn annheilwng ohono ef. Ni feiddia'r un sy'n aredig edrych yn ôl os yw am aredig yn syth. Os gwna, cwys gam fydd y canlyniad.

Rhwymau teuluol

Rho gydnabyddiaeth i'r rhai hynny sy'n weddwon mewn gwirionedd. Ond os oes gan y weddw blant neu wyrion, dylai'r rheini yn gyntaf ddysgu ymarfer eu crefydd tuag at eu teulu, a thalu'n ôl i'w rhieni y ddyled sydd arnynt, oherwydd hynny sy'n gymeradwy gan Dduw.

1 TIMOTHEUS 5:3-4

Pan oedd Paul yn ysgrifennu nid oedd, wrth gwrs, bensiynau i'r gweddwon na gofal gwlad dros yr henoed. Felly cymerai'r eglwysi gyfrifoldeb dros y rhai mewn eisiau. Ond sylweddolodd Paul fod yr uned deuluol yn dal yn bwysig ac na fedrai ac na ddylai cymorth o unrhyw le arall gymryd lle gofal y teulu. Eto i gyd mae anghenion rhieni, teidiau a neiniau sydd yn mynd i oed yn disgyn ar yr union adeg pan yw'r straen a'r prysurdeb fwyaf ar eu teuluoedd. Nid yw'r parau - neu'r unigolion - y mae gwaith straenllyd ganddynt a phlant yn eu harddegau i ofalu amdanynt yn ei chael yn rhwydd i ofalu am anghenion cynyddol yr henoed yn ogystal. Fe fydd y ffordd y bydd meibion a merched yn ysgwyddo'r cyfrifoldeb o ofalu yn amrywio ymhob achos. Ond mae pobl hŷn yn fregus a sensitif. Maent yn dyheu am ymateb oddi wrth deulu sydd wedi ei symbylu gan gariad ac nid gan reidrwydd crintachlyd.

Ymroddiad i waith

Beth bynnag yr ydych yn ei wneud, gweithiwch â'ch holl galon, fel i'r Arglwydd, ac nid i ddynion. Gwyddoch mai oddi wrth yr Arglwydd y byddwch yn derbyn... gwobr. Gwasanaethwch Grist, eich Meistr chwi.

COLOSIAID 3:23-24

Roedd Paul yn ysgrifennu at gaethweision - roedd mwy ohonynt na phobl rydd yn ei amser ef. Roedd gan bron bob dyn rhydd o leiaf un caethwas. Nid oedd pob perchennog yn gas, ond ychydig oedd yn ystyried y caethweision yn *bobl.* Pethau oeddent, eu heiddo hwy ac yn gyfangwbl o dan eu rheolaeth. Rhoddodd Paul werth ar gaethweision a symbyliad iddynt ymroi i weithio. Mewn un ystyr nid oedd wahaniaeth pa mor anniolchgar a difater oedd eu meistri, eu meistr go iawn oedd Iesu Grist. Gallent wneud eu gwaith, pa mor ddiflas bynnag, gyda brwdfrydedd oherwydd roeddent yn ei wneud iddo ef - nid ar gyfer eu meistriaid daearol. Roedd Iesu yn gyfiawn ac yn deg ac fe fyddai ef yn talu am eu ffyddlondeb a'u gwaith caled. Mae gan weithwyr sy'n Gristnogion, heddiw, adnoddau mewnol i felysu'r gweithle. Y tu ôl i feistr anodd mae'r gwir Feistr, Iesu Grist. Hwyrach na chânt ddiolch na gwobr gan feistriaid y byd hwn, ond fe fydd yr un nefol yn hael a da. Fe fydd ef yn eu had-dalu.

Dicter o dan reolaeth

Byddwch yn ddig, ond peidiwch â phechu; peidiwch â gadael i'r haul fachlud ar eich digofaint.

EFFESIAID 4:26

Fe gymer Paul yn ganiataol y byddwn yn colli tymer o dro i dro. Mae seicolegwyr yn dweud wrthym ei bod hi'n llawer iachach inni ddweud ein meddwl na cheisio mygu dicter. Mae cadw dicter heb ei fynegi am amser hir yn gallu arwain i iselder ysbryd. Ond mae'n bwysig cael gafael ar yr hyn sy'n ein gwneud yn ddig, yn hytrach na chael pyliau o fod yn ddrwg dymer. Ai cenfigen ynof neu falchder wedi'i glwyfo neu fethu â chael fy ffordd fy hun yw'r achos? Neu a ydwyf wedi cael cam gwirioneddol a'm trin yn angharedig? Mae dadansoddi fy nicter yn onest yn help i benderfynu a yw i'w gyfiawnhau ai peidio.

Hyd yn oed os yw fy nicter yn 'gyfiawn', mae yna beryglon i'w gochelyd. Fe all dicter arwain yn fuan i bechodau fel tymer ddrwg, geiriau anweddus neu ymosod corfforol.

Arf diogelwch arall yw peidio â gadael i ddicter lusgo yn ei flaen. Mewn rhai teuluoedd mae yna berthnasau sydd heb siarad â'i gilydd ers blynyddoedd oherwydd rhywbeth a ddigwyddodd ond sydd wedi hen fynd heibio. Mae dicter i fod i glirio'r awyr. Rhaid dilyn hyn ar unwaith gan adfer perthynas iawn a dechrau o'r newydd.

Duw dig?

Y mae digofaint Duw yn cael ei ddatguddio o'r nef yn erbyn holl annuwioldeb ac anghyfiawnder y dynion sydd, trwy eu hanghyfiawnder, yn atal y gwirionedd.

RHUFEINIAID 1:18

Nid ydym yn gysurus gyda'r syniad o Dduw yn ddig. Mae hyn am ein bod yn cysylltu dig â thymer ddrwg, teimlo'n annifyr, balchder wedi'i glwyfo neu bwdu. Nid yw dicter Duw yr un o'r rhain. Mae un ysgolhaig wedi awgrymu nad gwrthwyneb i gariad Duw yw dicter ond gwrthwyneb i fod yn ddiduedd. Nid yw Duw, ac ni fedr fyth fod, yn ddiduedd ynglŷn â drygioni. Mae'n teimlo ac yn gweithredu'n gryf pan yw pobl yn fwriadol yn ceisio cuddio a chelu'r gwirionedd. Nid yw'n sefyll yn ddihidio pan fyddwn yn symbylu eraill i droi yn erbyn daioni ac onestrwydd. Mae Duw wedi creu byd moesol ac mae dewis y drwg yn rhwym o ennyn dicter Duw a'i gosb haeddiannol. Ac nid Hitleriaid a Pol Pots y byd yma yn unig sy'n haeddu dicter Duw. Rydym ni i gyd ar ryw adeg wedi dewis y drwg yn lle'r da. Rydym ni'n haeddu dicter Duw hefyd. Ond fe ddylem fod yn ddiolchgar bod y Salmydd yn disgrifio Duw fel un 'trugarog a graslon, araf i ddigio a llawn ffyddlondeb.'

Dim rhyfel mwyach!

Yn y dyddiau diwethaf... daw pobloedd lawer, a dweud, "Dewch, esgynnwn i fynydd yr Arglwydd, i deml Duw Jacob; bydd yn dysgu i ni ei ffyrdd, a byddwn ninnau'n rhodio yn ei lwybrau..." Barna ef rhwng y cenhedloedd, a thorri'r ddadl i bobloedd lawer; curant eu cleddyfau'n geibiau, a'u gwaywffyn yn grymanau. Ni chyfyd cenedl gleddyf yn erbyn cenedl, ac ni ddysgant ryfel mwyach.

ESEIA 2:2-4; MICHA 4:1-3

Mae'r gerdd - neu broffwydoliaeth - hyfryd hon i'w gweld ddwy waith yn yr Hen Destament. Efallai bod Eseia a Micha yn dyfynnu rhyw fardd anhysbys arall. Mae'n bodloni dyhead cyffredinol, yn arbennig i rai sydd wedi cael profiad uniongyrchol o ryfel eu hunain. Mae dicter, ffyrnigrwydd a chamdrin difrifol yn rhan annatod o ryfel. Mae'n lladd, anafu a difetha bywydau miliynau o bobl ddiniwed. Digwyddodd rhai o'r rhyfeloedd a'r galanastra gwaethaf mewn hanes ar ôl y Rhyfel Byd Cyntaf, a gafodd ei alw yn 'rhyfel i orffen pob rhyfel'. Ond mae gobaith yn Nuw. Rydym ni'n ceisio cael heddwch parhaol, ond yn ofer. Pan sefydlir teyrnas Dduw yn y diwedd, fe fydd ffrwythau heddwch yn cymryd lle erchylltra ofnadwy rhyfel.

Ofni marw?

Felly, gan fod y plant yn cydgyfranogi o'r un cig a gwaed, y mae yntau, mewn dull cyffelyb, wedi cyfranogi o'r cig a gwaed hwnnw, er mwyn iddo, trwy farwolaeth, ddiddymu'r hwn sy'n rheoli marwolaeth, sef y diafol, a rhyddhau'r rheini oll oedd, trwy ofn marwolaeth, yng ngafael caethiwed ar hyd eu hoes.

HEBREAID 2:14-15

Nid ydym am ei gydnabod. Nid yw'n beth i siarad amdano. Ond mae llaweroedd o bobl yn ofni marwolaeth a marw. Fe geisiwn eu halltudio o'n meddyliau neu wneud jôcs i chwalu'n hofnau drwy chwerthin. Ond mae'n beth cwbl naturiol inni ofni a phellhau rhag yr hyn y mae Paul yn ei alw yn 'elyn' angau. Nid yw hyd yn oed y rhai sydd yn meddu ffydd Gristnogol gref, ac sydd yn credu bod marw yn ddrws i fywyd newydd a llawn, yn medru dianc rhag atgasedd wrth feddwl am ddadfeiliad a diwedd y corff. Ond mae newyddion da yr efengyl yn ein sicrhau y *medrwn* gael ein hachub rhag ofni'r hyn sy'n digwydd ar ôl marw ein cyrff. Daeth Iesu yn ddyn er mwyn marw ac atgyfodi, gan ennill y fuddugoliaeth ar angau. Pan ddown i gysylltiad ag ef fe wyddom ei fod yn fyw yn wir. Ac fe ddywedodd wrth ei gyfeillion: 'Am fy mod i yn fyw, byw fyddwch chwithau hefyd.'

Cyrff newydd yn lle'r hen!

Heuir mewn llygredigaeth, cyfodir mewn anllygredigaeth. Heuir mewn gwaradwydd, cyfodir mewn gogoniant. Heuir mewn gwendid, cyfodir mewn nerth. Yn gorff anianol yr heuir ef, yn gorff ysbrydol y cyfodir ef. Os oes corff anianol, y mae hefyd gorff ysbrydol.

1 CORINTHIAID 15:42-44

Nid yw'r ffydd Gristnogol yn sôn am ysbrydion neu bobl farw yn troi yn angylion! Ni fydd canlynwyr Iesu yn troi yn fath o ysbrydion heb gyrff ar ôl marw, ond ar ddiwedd amser fe gânt gyrff newydd, perffaith. Fe ysgrifennodd Paul at y Cristnogion dryslyd yng Nghorinth i egluro pethau. Fe ddywedodd wrthynt, yn union fel yr atgyfododd Iesu, a chael corff atgyfodedig newydd, fe fydd Cristnogion yn cael cyrff newydd hefyd. Ond fe fyddant mor wahanol i'r hen rai ag yw'r cnwd i'r had a gafodd ei blannu. Mae'r efengylau yn dweud ychydig wrthym am gorff atgyfodedig Iesu. Fe fedrai fynd drwy ddrysau, ymddangos a diflannu fel y mynnai, ac er iddo fwyta i brofi nad ysbryd oedd, eto i gyd roedd yn rhydd o gyfyngiadau'r corff. Galwodd Paul y cyrff newydd hyn yn gyrff ysbrydol. Mae Cristnogion yn anghofio'n aml y fath ddyfodol bendigedig sydd i'r person cyfan - gan cynnwys y cyrff!

Diwedd hapus

Yr ydym am ichwi wybod, frodyr, am y rhai sydd yn huno, rhag i chwi fod yn drallodus, fel y rhelyw sydd heb ddim gobaith. Os ydym yn credu i Iesu farw ac atgyfodi, felly hefyd bydd Duw, gydag ef, yn dod â'r rhai a hunodd drwy Iesu.

1 THESALONIAID 4:13-14

Y cwestiwn a ofynnir yn aml gan alarwyr yw: 'Ble mae ef/hi'nawr?' 'Ydi e/hi yn iawn?' Mae'n anodd rhoi atebion ond fe â Paul ran o'r ffordd i ddweud wrthym beth a ddigwydd i ganlynwyr Iesu. Mae'n sicrhau y Cristnogion ofnus yn Thesalonica y byddai eu hanwyliaid sydd wedi marw yn cael rhan yn y diwedd bendigedig adeg ail ddyfodiad Iesu. Ni fyddwn yn sôn yn aml yn ein dyddiau ni am Iesu'n dod eto i'n daear. Efallai ein bod yn teimlo'n rhy soffistigedig i'r iaith a ddefnyddia'r Testament Newydd. Ond mae credu y *daw* Iesu yn ôl yn rhan allweddol o'r athrawiaeth Gristnogol. I'r rhai sy'n galaru mae'n gysur mawr gwybod bod dyfodol eu hanwyliaid yn ddiogel yn llaw yr Arglwydd y buont yn ei wasanaethu. Fe fydd diwedd hapus!

Fy mab...

Cynhyrfodd y brenin, ac aeth i fyny i'r llofft uwchben y porth ac wylo; ac wrth fynd, yr oedd yn dweud fel hyn, "O Absalom fy mab, fy mab Absalom! O na fyddwn i wedi cael marw yn dy le, O Absalom fy mab, fy mab!"

2 SAMUEL 18:33

Ni fu Absalom yn fab ffyddlon fel y dylai fod wedi bod. Roedd yn anystywallt ac yn uchelgeisiol, yn barod i gymryd yr orsedd oddi ar ei dad drwy ddenu cefnogaeth y bobl oddi wrth y brenin. Pan ddaeth yr amser priodol gwrthryfelodd yn erbyn y palas gan orfodi'r brenin oedrannus i ddianc i alltudiaeth ac o bosibl i'w farwolaeth. Eto i gyd, pan adawodd Dafydd a'i ddilynwyr Jerwsalem a pharatoi i ymladd yn ôl yn ei erbyn, rhoddodd y brenin orchymyn pendant: 'Er fy mwyn i byddwch yn dyner wrth y llanc Absalom.' Ond anwybyddodd Joab, cadfridog Dafydd, y gorchymyn a lladdodd Absalom, gan ddod â'r gwrthryfel i ben yn sydyn. Pan glywodd Dafydd y neges roedd ei alar yn ddwfn i'r eithaf. Hwyrach bod y gofid yn ddyfnach oherwydd bod y berthynas wedi'i thorri. Yn ychwanegol at y galar naturiol o golli ei fab, roedd Dafydd yn edifar am y rhwyg oedd rhyngddynt - roedd ef yn rhannol gyfrifol amdano. Nid oedd gysur yn y golled hon.

Meddyliwch am eraill

Yna aeth Joab i'r ystafell at y brenin a dweud, "Yr wyt ti heddiw yn gwaradwyddo dy ddilynwyr i gyd, sef y rhai sydd wedi achub dy fywyd di heddiw... yr wyt ti'n cyhoeddi heddiw nad yw dy swyddogion na'th filwyr yn ddim gennyt. Yn wir fe welaf yn awr y byddit wrth dy fodd heddiw pe byddai Absalom wedi byw a ninnau i gyd wedi marw."

2 SAMUEL 19:5-6

Mae'n siwr bod geiriau Joab fel dŵr oer ar wyneb Dafydd ond roedd yn rhaid i'r cadfridog wneud rhywbeth eithafol i godi'r brenin o'i alar dwfn am Absalom. Ofnai milwyr Dafydd fynd yn ôl i'r pencadlys yn bloeddio buddugoliaeth; yn hytrach fe aethant yn ddistaw, wedi eu harswydo gan faint trallod y brenin. Roedd Joab yn ddig. Pam na ddylai ei gyd-filwyr ddathlu ar ôl cael buddugoliaeth haeddiannol yn erbyn Absalom a'i fyddin o wrthryfelwyr? Roedd yn meddwl bod Dafydd, yn ei alar, yn hunanol ac anniolchgar. Deallodd Dafydd y sefyllfa ac aeth allan i groesawu ei ddynion ac i ddiolch iddynt. Efallai *bod* galar yn peri inni ymgolli ynom ein hunain a'i bod yn iawn inni gymryd amser i ddelio â'r teimladau emosiynol cryf. Ond hwyrach bod eraill hefyd wedi eu dal gan y trychineb a rhaid meddwl am eu hanghenion hwy hefyd. Ymddwyn fel cyfaill a wnaeth Joab wrth ddangos i Ddafydd lle'r oedd ei ddyletswydd a beth oedd yn llesol iddo.

Iesu'n wylo hefyd

Wrth ei gweld hi'n wylo, a'r Iddewon oedd wedi dod gyda hi hwythau'n wylo, cynhyrfwyd ysbryd Iesu gan deimlad dwys. "Ble'r ydych wedi ei roi i orwedd?" gofynnodd. "Tyrd i weld," meddant wrtho. Torrodd Iesu i wylo.

IOAN 11:33-34

Mewn rhannau o'r byd Gorllewinol mae gan bobl weithiau gywilydd dangos eu teimladau neu wylo'n gyhoeddus. Eto i gyd mae dagrau yn ffordd naturiol o ddangos emosiwn ac mae'n gysur pan ddaw cyfaill yn agos atom ac wylo gyda ni. Roedd Iesu'n Fab Duw ond yr oedd hefyd yn ddynol. Roedd yn rhannu tristwch ei gyfeillion Martha a Mair ar ôl marw eu brawd Lasarus, ac fe ddangosodd hynny â'i ddagrau. Nid yw Iesu yn cadw draw oddi wrth bobl yn eu colled. Mae'n deall poen a gofid pob profiad unigryw. Yn yr achos hwn fe fyddai'n atgyfodi Lasarus ac fe fyddai eu galar yn troi'n llawenydd. Ond nid oedd hyn yn rhwystro Iesu rhag teimlo'n ddwys gyda hwy. Roedd dicter a gofid yn ogystal â thristwch yn ei ddagrau. Roedd creulondeb angau yn dramgwydd iddo. Cyn bo hir fe fyddai'n rhoi ei fywyd yn y frwydr yn erbyn drygioni, a thrwy ei atgyfodiad yn datod gafael haearn angau ar ddynoliaeth.

Un rhiant

Galwodd ar yr Arglwydd a dweud, "O Arglwydd, fy Nuw, a wyt yn dwyn drwg hyd yn oed ar y weddw y cefais lety ganddi, ac yn lladd ei mab?" Yna ymestynnodd ar y bachgen dair gwaith, a galw ar yr Arglwydd a dweud, "O Arglwydd, fy Nuw, bydded i einioes y bachgen hwn ddod yn ôl iddo."

1 BRENHINOEDD 17:20-22

Ar ddechrau'r stori hon roedd yna newyn cyffredinol. Fe anfonodd Duw Elias, ei broffwyd, i wlad gyfagos, i gartref mam sengl. Heb obaith o fath yn y byd, roedd hi'n paratoi y pryd bwyd olaf iddi hi a'i mab o'r ychydig olew a blawd oedd yn weddill. Eto i gyd ar waethaf y cyfan roedd hi'n fodlon rhannu yr hyn oedd ganddi â'r proffwyd. Ac fe gwrddodd Duw â'i hangen *hi*, fel yr addawodd Elias. Tra parhai'r newyn ni fyddai ei chyflenwad blawd ac olew yn darfod. Mae'n debyg i'w ffydd yn Nuw ddod â hi drwy ei threialon. Yna aeth ei mab yn wael ac fe fu farw. Yn ei chwerwder a'i galar beiai Elias, ac yn anuniongyrchol Duw - fel y gwna pobl yn aml. Ond fe weddïodd Elias ac adferwyd y bachgen. Fe orffennodd popeth yn iawn felly er nad oedd hi'n edrych felly ar y dechrau. Mae bywyd yn anodd o hyd i rieni sengl. Mae yna amgylchiadau anodd i'w hwynebu, ac nid yw pethau fel pe baent yn gweithio allan fel y dylent yn aml. Fe all fod yn anodd ymddiried yn Nuw, yn arbennig pan yw'r daith yn arw.

Dewis bod yn sengl

Atebodd yntau, "Nid peth i bawb yw derbyn y gair hwn, dim ond i'r rhai a ddoniwyd felly. Y mae rhai eunuchiaid sydd felly o groth eu mam, eraill sydd wedi eu gwneud yn eunuchiaid gan ddynion, ac eraill eto sydd wedi eu gwneud eu hunain yn eunuchiaid er mwyn teyrnas nefoedd. Boed i'r sawl sydd yn gallu derbyn hyn ei dderbyn."

MATHEW 19:11-12

Mae pobl sengl yn cwyno'n aml bod bywyd wedi'i gerio ar gyfer parau.

Mae bod heb bartner yn golygu cael eich gadael allan, neu gael eich trin fel dinesydd eilradd. Mae'r taliad ychwanegol mewn gwestai yn dangos agwedd cymdeithas. Eto i gyd mae llawer o bobl wedi dewis aros ar eu pennau eu hunain yn fwriadol er mwyn cyflawni gwaith eu bywyd - yn aml ar y maes cenhadol. Roedd Iesu ei hun yn sengl ac mae bod felly yn 'ystad anrhydeddus' pe bai ond am y rheswm hwnnw yn unig. Ond mae llawer o ddynion a merched nad ydynt wedi *dewis* bod felly. Am ryw reswm neu'i gilydd, nid ydynt wedi cwrdd â neb y medrant eu caru, neu sy'n ymateb i'w cariad hwy. Ond gellir derbyn bod yn sengl fel 'rhodd' ddiamheuol o ystyried dull Iesu o'i disgrifio. Mae llawer wedi dysgu darganfod a mwynhau'r rhyddid a rydd y bywyd sengl yn ogystal â'r cyfleoedd a ddaw yn ei sgil.

Profiad mewn anialwch

... euthum i ffwrdd i Arabia ac yna dychwelyd i Ddamascus.

GALATIAID 1:17

Mae pobl sydd yn arfer byw ar eu pennau eu hunain yn aml yn blino'n lân mewn gormod o gwmni ac yn hiraethu am dawelwch! Mae arnom i gyd angen amser i feddwl a bod yn ni ein hunain. Mae arnom angen amser hefyd i fod ar ein pennau ein hunain gyda Duw. Mae hi mor rhwydd gadael i bwysau bywyd a sŵn parhaus a rhuthr dagu'n hangen am dawelwch a myfyrdod. Ar hyd y canrifoedd fe fu dynion a merched yn encilio'n fwriadol i fod gyda Duw. Fe ddywed yr efengylau wrthym fod Iesu'n dianc i 'le unig' i fod gyda'i Dad. Mae'n edrych yn debyg i Paul wneud hyn ar ôl ei dröedigaeth ddramatig, pan dreuliodd o bosibl dair blynedd yn anialwch Arabia, i ddod i adnabod Iesu a meddwl mwy am y ffydd yr oedd newydd ei derbyn. Fe dreuliodd eraill o enwogion y Beibl amser yn yr anialwch - yn dysgu am Dduw a chanfod ei bwrpas i'w bywydau. Mae'n anodd bod ar eich pen eich hun a chael tawelwch heddiw, ac hwyrach nad oes yna anialwch ar garreg ein drws. Ond os ydym yn benderfynol, fe *allwn* wneud amser a chael lle i fod ar ein pennau ein hunain i fod gyda Duw.

Mynd yr ail filltir

Ac os bydd rhywun am fynd â thi i gyfraith, a chymryd dy grys, gad iddo gael dy fantell hefyd. Ac os bydd rhywun yn dy orfodi i'w ddanfon am un filltir, dos gydag ef ddwy.

MATHEW 5:40-41

'Oes *raid* i fi?' yw cwestiwn plant yn aml. Os mai'r ateb yw 'Oes!' fe wnânt yr ymdrech leiaf a'r ffws fwyaf posibl wrth ufuddhau! Yn amser Iesu, roedd Israel o dan reolaeth y Rhufeiniaid ac roedd milwyr ymhob man. Roedd ganddynt hawl i orfodi pobl leol i gario'u beichiau neu i roi bwyd a llety iddynt. (Pan aed â Iesu i'w groeshoelio, fe gafodd un o'r bobl oedd yn mynd heibio ei orfodi gan swyddog i gario'i groes.) Dywedodd Iesu wrth ei wrandawyr sut i ymateb i gais am help. Nid oeddent i ymgymryd â'r gwaith annymunol yn grintachlyd ond o'u bodd. Yn wir roeddent i fod yn barod i wneud mwy na'r hyn oedd yn ofynnol yn ôl y gyfraith. Mae mynd yr ail filltir wedi dod yn rhan o'n geirfa i ddisgrifio rhywbeth a wneir yn llawen tu hwnt i ddisgwyliadau. Rwy'n meddwl bod Iesu'n pwysleisio pa fath ysbryd y dylem fod ynddo wrth gyflawni'n dyletswyddau yn ogystal â chymell parodrwydd llawen i wneud mwy nag a ofynnir i ni.

Hawliau'r teulu

Daeth i'w gartref ei hun, ac ni dderbyniodd ei bobl ei hun mohono. Ond cynifer ag a'i derbyniodd, rhoes iddynt hwy, y rhai sy'n credu yn ei enw, hawl i ddod yn blant i Dduw.

IOAN 1:11-12

Hwyrach y mynnwn ein hawliau fel aelodau o'r teulu dynol ond nid llawer ohonom fyddai'n mynnu ein hawliau fel mab neu ferch i'r Duw hollalluog! Eto i gyd fe ddywed Ioan y *medr* meidrolion cyffredin fel ni feddu'r fath hawl. Mae'r Testament Newydd yn disgrifio plant Duw fel rhai sydd wedi dod i gysylltiad agos ag ef drwy Iesu.

Mae Ioan yn sôn am y rhai sy'n 'derbyn' a 'chredu'. Pan ddaeth Iesu i'n byd roedd yn aml yn cael ei wynebu â chael ei wrthod yn llwyr neu ag anghredinaeth, ond roedd rhai yn agor eu calonnau i'w dderbyn i'w bywydau ac ymddiried ynddo yn gyfangwbl. Roedd hyn yn dod â hwy i berthynas deuluol â Duw yn Dad. Mae gan y rhai sy'n 'derbyn' Iesu a 'chredu' ynddo o hyd yr *hawl* i ddod yn rhan o deulu Duw sydd yn ymestyn dros y canrifoedd ac ar draws y byd. Fel y dywed Paul, 'eich gwneud yn feibion y mae, trwy fabwysiad, ac yn yr ysbryd yr ydym yn llefain, "Abba! Dad!"'

Ceidwad fy mrawd

Yna dywedodd yr Arglwydd wrth Cain, "Ble mae dy frawd Abel?" Meddai yntau, "Ni wn i. Ai fi yw ceidwad fy mrawd?" A dywedodd Duw, "Beth wyt wedi ei wneud? Y mae llef gwaed dy frawd yn gweiddi arnaf o'r pridd."

GENESIS 4:9-10

Mae honiad Cain na wyddai lle'r oedd ei frawd a'i wadiad oer o bob cyfrifoldeb o lofruddiaeth yn gyrru iasau i lawr fy nghefn! Ond i ba raddau yr wyf i yn geidwad fy mrawd? A fedraf i olchi fy nwylo o gyfrifoldeb lle mae lles y teulu yn y cwestiwn? Yn ein hymgais i ddod o hyd i hapusrwydd ac i fodloni hunan, fe anghofiwn yr effaith mae ein hymchwil ni am hunan-les yn ei gael ar ein teulu. Pan yw rhiant yn cerdded allan, mae'r plant, yn ogystal â'r partner yn dioddef. Hyd yn oed y tu hwnt i berthynas gwaed, mewn un ystyr mae pawb arall, yn ddynion a merched, yn perthyn i ni gan iddynt gael eu creu gan Dduw ac felly'n perthyn i'r teulu dynol. Ni fedrwn gau llygaid i eisiau ac anghyfiawnder, pa un a yw ar garreg ein drws neu filoedd o filltiroedd i ffwrdd. Mae ein dynoliaeth yn ein clymu wrth ein gilydd. I raddau mwy neu lai, fi *yw* ceidwad fy mrawd.

Pobl ddi-obaith

...aeth â mi allan trwy ysbryd yr Arglwydd a'm gosod yng nghanol dyffryn a oedd yn llawn esgyrn... gwelais lawer iawn o esgyrn ar lawr y dyffryn ac yr oeddent yn sychion iawn. Gofynnodd imi, "Fab dyn, a all yr esgyrn hyn fyw?" Atebais innau, "O Arglwydd Dduw, ti sy'n gwybod."...Yna dywedodd wrthyf, "Fab dyn, holl dŷ Israel yw'r esgyrn hyn. Y maent yn dweud, 'Aeth ein hesgyrn yn sychion, darfu am ein gobaith ac fe'n torrwyd ymaith.' "

ESECIEL 37:1-3, 11

Roedd Eseciel yn broffwyd i Dduw yn ystod cyfnod gwirioneddol anodd yn hanes Israel. Credai'r bobl nad oedd iddynt obaith na dyfodol. Ond mewn gweledigaeth fe welodd Eseciel esgyrn sychion yn dod at ei gilydd, yn cael gewynnau a chnawd ac yn dod yn bobl fyw. Mae mwy o bobl yn cyflawni hunanladdiad oherwydd anobaith na'r un rheswm arall. Maent yn meddwl nad oes yr un dyfodol iddynt. Ond mae gobaith a dyfodol bob amser ym mhwrpas Duw. Nid yw'n dweud wrth bobl am dynnu eu hunain at ei gilydd a gwneud y gorau o bethau. Am mai ef yw rhoddwr bywyd, mae'n adfywio gobaith ac adfer pwrpas ail ddechrau bywyd i bawb sydd am eu rhoi eu hunain yn ddiamod yn ei ddwylo creadigol.

Bywyd o obaith

Bendigedig fyddo Duw a Thad ein Harglwydd Iesu Grist! O'i fawr drugaredd, fe barodd ef ein geni ni o'r newydd i obaith bywiol trwy atgyfodiad Iesu Grist oddi wrth y meirw, i etifeddiaeth na ellir na'i difrodi, na'i difwyno, na'i difa. Saif hon ynghadw yn y nefoedd i chwi, chwi sydd trwy ffydd dan warchod gallu Duw hyd nes y daw iachawdwriaeth, yr iachawdwriaeth sydd yn barod i'w datguddio yn yr amser diwethaf.

1 PEDR 1:3-5

Nid yw Pedr yn ymatal wrth ddisgrifio gobaith a llawenydd y Cristion! Neges galonnog o gysur a gobaith yw - a dyfodol mor ddisglair nes ei fod y tu hwnt i ddychymyg! Cyfeiria Pedr at obaith fel y grym sy'n symbylu ac a fedr ein codi o syrthni ac anobaith. Mae'n atgoffa'i ddarllenwyr fod atgyfodiad Iesu wedi cynnig bywyd ac anfarwoldeb i bawb sy'n credu ynddo ac yn ei ganlyn. Ond roedd darllenwyr cyntaf Pedr yn mynd drwy amser anodd dychrynllyd, felly mae yn eu cysuro ynglŷn â'r presennol. Fe fyddai'r treialon parhaus yn cadarnhau a phuro eu ffydd - fel y purir aur gwerthfawr gan dân. Yn y cyfamser fe fyddai gobaith am ddyfodol gogoneddus yn eu cynnal a rhoi iddynt lawenydd aruthrol.

Gobaith i'n byd

Yr wyf fi'n cyfrif nad yw dioddefiadau'r presennol i'w cymharu â'r gogoniant y mae'r dyfodol i'w ddatguddio i ni. Yn wir, y mae'r greadigaeth yn disgwyl yn daer am i feibion Duw gael eu datguddio. Oherwydd darostyngwyd y greadigaeth i oferedd, nid o'i dewis ei hun ond trwy yr hwn a'i darostyngodd, yn y gobaith y câi'r greadigaeth hithau ei rhyddhau o gaethiwed a llygredigaeth, a'i dwyn i ryddid a gogoniant plant Duw.

RHUFEINIAID 8:18-21

Sut y daw'r byd i ben? Mae digon o ddamcaniaethau - y rhan fwyaf yn ddigalon! Ymateb y Cristion yw gobaith am y dyfodol. Pan wrthododd dyn a gwraig gerdded yn ffordd Duw a dioddef y canlyniadau, fe ddioddefodd ein byd hefyd. Daeth natur yn goch ei dant a'i chrafanc; tyfodd chwyn ochr yn ochr â chnydau da. Ond drwy atgyfodiad Iesu fe wêl Paul ddyfodol gogoneddus. Fe fydd yr holl greadigaeth yn rhan o adfywiad ac adferiad. Meddai John Stott: '*The universe is not going to be destroyed, but rather liberated, transformed and suffused with the glory of God.*'

Cadwch e'n dywyll!

...i'r goleuni ddod i'r byd ond i ddynion garu'r tywyllwch yn hytrach na'r goleuni, am fod eu gweithredoedd yn ddrwg oherwydd y mae pob un sy'n gwneud drwg yn casáu'r goleuni, ac nid yw'n dod at y goleuni rhag ofn i'w weithredoedd gael eu dadlennu.

IOAN 3:19-20

Yn *Oliver Twist,* Charles Dickens, mae yna ddisgrifiad digon i fferru gwaed o lofruddiaeth Nancy gan Bill Sikes, y lleidr. Pan ddaw'r bore mae'r haul - '*the bright sun, that brings back, not light alone, but new life, and hope, and freshness to man*' - yn ffrydio i mewn i'r ystafell ddi-raen gan ddangos y drosedd yn ei holl greulondeb a'i harswyd. Ceisiodd y llofrudd, '*to shut it out, but it would stream in*'. Dyma ddarlun byw o ddisgrifiad Ioan o ddylanwad Iesu ar bawb a ddeuai i gysylltiad ag ef! Fe all golau'r haul, sy'n naturiol yn dod â bywyd a llawenydd, ddod hefyd ag ofn a helbul i'r rhai sydd â rhyw bethau i'w cuddio. Ni ddaeth Iesu i farnu pobl, meddai Ioan. Ond maent yn eu barnu eu hunain wrth sleifio oddi wrtho, yn anfodlon dinoethi eu bywydau i bresenoldeb y goleuni sy'n puro.

Tywyllwch

Ond yr wyf fi yn llefain arnat ti am gymorth, O Arglwydd, ac yn y bore daw fy ngweddi atat. O Arglwydd, O Arglwydd pam yr wyt yn fy ngwrthod, ac yn cuddio dy wyneb oddi wrthyf?... Gwnaethost i gâr a chyfaill bellhau oddi wrthyf, a'm gwahanu oddi wrth fy nghydnabod.

SALM 88:13-14, 18

Mae'r Salmau yn mynegi ein teimladau dyfnaf ni - llawenydd a diolchgarwch, hefyd poen ac anobaith. Yn aml maent yn dechrau â chri ingol ond yn gorffen ar nodyn o adfeddiannu gobaith yn Nuw. Ond mae'r

Salm hon yn wahanol. Y gair olaf un yn y testun Hebraeg yw 'tywyllwch'. I'r Salmydd hwn mae'n debyg nad oes olau ym mhen draw'r twnnel. Gallwn ninnau hefyd brofi'r un tywyllwch ciaidd, diddiwedd. Nid yw Duw fel pe bai'n agos. Dioddef yr adegau hynny sydd raid mae'n debyg, heb obaith cael gollyngdod o'r ffordd y teimlwn. Ond mae yna ffeithiau y medrwn ni ddal gafael arnynt yn ein meddwl. Cofiwn i Iesu, Mab perffaith Duw, brofi tywyllwch hefyd. Fel yr oedd yn hongian ar y groes mewn tywyllwch dudew fe waeddodd mewn poen ingol, 'Fy Nuw, Fy Nuw pam yr wyt wedi fy ngadael?' Mae Duw yn gwybod am y tywyllwch. Pa un a ydym yn ymwybodol ohono ai peidio, mae'n ei rannu â ni.

I'r tywyllwch

Yn union wedi cymryd y tamaid bara aeth Jwdas allan. Roedd hi'n nos.

IOAN 13:30

Mae'n rhaid bod pob gair a digwyddiad o'r noson gofiadwy honno wedi eu serio ar gof Ioan. Y noson olaf ydoedd a'r pryd olaf gyda'r Meistr cyn y byddai'n cael ei ladd yn giaidd. Yn ôl yr arfer, roedd Iesu wedi gwlychu tamaid o fara a'i roi i Jwdas fel arwydd o gyfeillgarwch. Dim ond Iesu a Jwdas oedd yn gwybod beth oedd ym meddwl y bradychwr. Roedd gweddill y disgyblion yn meddwl bod Jwdas yn llithro allan i brynu nwyddau neu i roi arian i'r tlodion, oherwydd ef oedd y trysorydd. Ond roedd Jwdas yn mynd yn syth at yr arweinwyr Iddewig i ddatgelu iddynt sut i gael gafael ar Iesu a'i arestio. Nid yw'r efengylwyr yn dweud wrthym yn iawn beth a gymhellodd Jwdas i fradychu Iesu. Mae Ioan yn lledawgrymu bod Jwdas yn caru arian, ond fe ddywed hefyd fod Satan wedi mynd i mewn i'w galon. Ond ei ddewis ef ydoedd. I Ioan, â'i ymwybyddiaeth gref o rym y goleuni a'r tywyllwch - da a drwg - roedd yn awgrymiadol tu hwnt i Jwdas fynd allan o oleuni'r ystafell a phresenoldeb Iesu i dywyllwch y nos.

Dathlu Duw

Yr oedd Dafydd yn gwisgo effod liain a dawnsiai â'i holl egni o flaen yr Arglwydd, wrth iddo ef a holl dŷ Israel hebrwng arch yr Arglwydd â banllefau a sain utgorn. Pan gyrhaeddodd arch yr Arglwydd Ddinas Dafydd, yr oedd Michal merch Saul yn edrych drwy'r ffenestr, a gwelodd y brenin Dafydd yn neidio ac yn dawnsio... a dirmygodd ef yn ei chalon.

2 SAMUEL 6:14-16

Roedd hi'n ddiwrnod mawr. Roedd Arch y Cyfamod, symbol o bresenoldeb Duw gyda'i bobl Israel, yn cael ei chario yn fuddugoliaethus i brifddinas newydd Dafydd, Jerwsalem. Roedd yna fiwsig, dawnsio, a digon o fwyd yn rhad i'r torfeydd. Fe benderfynodd Dafydd ymollwng yn llwyr mewn moliant a diolchgarwch i Dduw. Roedd Michal, ei wraig, wedi ei magu fel tywysoges, yn edrych ar ei ymddygiad diymatal yn ddirmygus. Iddi hi, y peth pwysig oedd urddas y brenin. Nid oedd Dafydd yn poeni dim am ei anrhydedd ei hunan - roedd am roddi'r anrhydedd i gyd i Dduw. Mae pawb yn edrych yn wahanol ar addoli. Efallai yr ystyriwn ddathliadau pobl eraill yn anweddaidd ac amharchus, neu yn bell ac yn oer. Mae yna lawer ffordd o ddathlu ac addoli Duw.

Teimladau cymysg

Yna bloeddiodd yr holl bobl yn uchel mewn moliant i'r Arglwydd am fod sylfaen tŷ yr Arglwydd wedi ei gosod. Yr oedd llawer... a oedd yn ddigon hen i fod wedi gweld y tŷ cyntaf yn wylo'n hidl... ond yr oedd llawer yn bloeddio'n uchel o lawenydd. Ac ni fedrai neb wahaniaethu rhwng sŵn y llawenydd a sŵn y bobl yn wylo, am fod y bobl yn gweiddi mor uchel nes bod y sŵn i'w glywed o bell.

ESRA 3:11-13

Dyma olygfa! Roedd dagrau'n llifo i lawr gruddiau rhai, eraill yn chwerthin. Ar ôl cenhedlaeth o gaethglud Babilon, roedd rhai o'r Iddewon wedi dychwelyd ac wedi dechrau ar yr atgyweirio drwy osod sylfaen Teml newydd i Dduw. Y fath addewid oedd yn y dechrau hwn ar gyfer yr adeiladwyr ifanc, oedd yn eiddgar am ail godi eu mamwlad. Ond mor bathetig o annigonol ydoedd i'r rhai oedd yn cofio Teml Solomon yn ei gogoniant! Mae dathliadau, yn aml, yn gymysgwch o ddagrau a chwerthin, tristwch a llawenydd. Hwyrach nad yw'r ddwy elfen wahanol hyn yn bell iawn oddi wrth ei gilydd yn ein munudau dwys. Mae llawenydd a galar wedi eu gwau i'w gilydd yn glòs ym mhrofiad pobl.

Cynnal parti

Wedi hyn aeth allan ac edrychodd ar gasglwr trethi o'r enw Lefi, a oedd yn eistedd wrth y dollfa, ac meddai wrtho, "Canlyn fi." A chan adael popeth cododd yntau a'i ganlyn. Yna gwnaeth Lefi wledd fawr iddo yn ei dŷ; ac yr oedd tyrfa niferus o gasglwyr trethi ac eraill yn cydfwyta â hwy.

LUC 5:27-29

Mae'n debyg ein bod yn adnabod Lefi'n well wrth ei enw arall, Mathew. Dyna'r enw a ddefnyddir yn yr hanes hwn yn efengyl Mathew ei hun. Pa un ai casglu trethi i Rufain, neu ar gyfer y brenin Herod ar bopeth a âi i mewn ac allan o'i dalaith a wnâi, nid oedd yn ffigwr poblogaidd. Fe fyddai fel rheol yng nghwmni ei gydweithwyr gan y byddai'r Iddewon crefyddol a gwladgarol yn ei osgoi. A chyda hwy y penderfynodd ddathlu. Roedd yna rywbeth arbennig iawn wedi digwydd i newid bywyd Mathew - cafodd Iesu afael arno a'i alw i'w ganlyn a bod yn gyfaill iddo. Felly cynhaliodd Mathew barti i ddathlu ac anrhydeddu Iesu. A phwy yn well i'w gwahodd na'i gylch ef o gydweithwyr a'i ffrindiau? Roedd yn gyfle euraid i'w cyflwyno i'r person a newidiodd ei fywyd a rhoi rhywbeth gwerth chweil iddo'i ddathlu.

Y ffactor amser

Gyfeillion annwyl, peidiwch ag anghofio'r un peth hwn, fod un diwrnod yng ngolwg yr Arglwydd fel mil o flynyddoedd, a mil o flynyddoedd fel un diwrnod.

2 PEDR 3:8

Rydym yn treulio tipyn o'n hamser fel y Gwningen Wen yn *Alice in Wonderland* - edrych yn ofidus ar ein watsys, dim ond i sylweddoli ein bod yn hwyr eto. Neu efallai y byddwn yn edrych ar y cloc ac yn cwyno bod rhywun arall yn hwyr. Mae cymaint i'w wneud, a chyn lleied o amser i'w wneud fel yr awn yn ddiamynedd yn fuan. Ond mae Duw yn wahanol. Nid yw Pedr yn dweud wrthym fod Duw yn gweithio dan ryw drefn amser arall. Mae Pedr yn cymharu mil o flynyddoedd i un diwrnod er mwyn egluro bod Duw y tu allan i fframwaith amser. Mae'n medru edrych ar y tymor hir. Mae Duw yn cynllunio yn nhermau tragwyddoldeb, nid amser. Mae'r Beibl yn llawn o hanesion am ddynion a merched y mae Duw wedi disgwyl amdanynt. Nid oedd Duw ar frys. Roedd ganddo ddigonedd o amser i'w gwneud y math o bobl a fyddai'n gweithredu ei gynlluniau yn ein byd.

Amynedd sicr

Ac yr ydym yn eich annog, frodyr,... byddwch yn amyneddgar wrth bawb.

1 THESALONIAID 5:14

Ciwio wrth y man talu yn yr archfarchnad, disgwyl yn hir yn ystafell aros y meddyg, tagfa traffig - dyma rai o'r pethau sy'n ein gwneud yn ddiamynedd. Ac o sôn am bobl fe gytunwn yn barod iawn fod rhai sy'n medru 'profi amynedd sant', ac mae'r mwyafrif ohonom ymhell o fod yn saint. Yn aml iawn aelodau o'n teulu ein hunain neu bobl yr ydym yn gyfarwydd iawn â hwy sy'n trethu ein hamynedd fwyaf. Roedd Paul yn ysgrifennu i eglwys lle'r oedd hen ac ifanc, tlawd a chyfoethog, deallusion ac anllythrennog, a phawb o natur wahanol. Os oeddent i gyd-fyw fe fyddai angen amynedd arnynt i gyd. Ac mae bod yn amyneddgar yn fwy na chrensian dannedd ac atal tafod. Gwerthfawrogwn amynedd eraill tuag atom pan fyddwn ni'n methu â gwneud penderfyniad. Mae'n rhoddi i ni deimlad braf, ac yn gymorth i ni ymlacio pan yw rhywun arall yn cymryd amser i wrando arnom, yn hytrach na'n cymell i weithredu ar frys. Fe sylweddolwn y gall amynedd fod yn air arall am gariad.

Byddwch yn barod!

Yr oedd yn writgoch, gyda llygaid gloyw ac yn hardd yr olwg. A dywedodd yr Arglwydd, "Tyrd, eneinia ef, oherwydd hwn ydyw." Cymerodd Samuel y corn olew, a'i eneinio.

1 SAMUEL 16:12-13

Hanes cyffrous a geir yma am eneinio Dafydd, ac yntau'n ifanc, i fod yn ddarpar frenin ar Israel. Rhaid oedd i hyn fod yn y dyfodol, oherwydd roedd y Brenin Saul yn gadarn ar ei orsedd o hyd. Sut yr oedd bachgen ifanc, efallai yn ddim ond dwy ar bymtheg, i gael yr amynedd i ddisgwyl am y diwrnod y câi ei goroni'n frenin? Nid ydym yn siwr o'r amserau, ond hwyrach bod deuddeg i bymtheg mlynedd wedi mynd heibio cyn i'r addewid gan Dduw adeg yr eneinio gan Samuel ddod yn ffaith, a Dafydd yn dod yn frenin mewn gwirionedd. Medrodd Dafydd ymdopi mewn dwy ffordd. Yn gyntaf, roedd yn ymddiried yn llwyr yn addewid Duw ac yr oedd yn barod i aros am amser Duw, hyd yn oed i'r graddau o wrthod lladd Saul, a ddaethai'n elyn creulon iddo. Yna roedd yn canolbwyntio ar y gwaith oedd ganddo i'w wneud. Yn ystod yr amser y bu'n disgwyl, yr oedd, yn ei dro yn gweithio yn y llys, yn filwr, yn ffoadur ac yn arweinydd - gan ddysgu gwersi pwysig ar gyfer bod yn frenin. Magodd amynedd drwy ymddiried yn Nuw am y dyfodol a chadw'n brysur gyda'r hyn oedd ganddo i'w wneud.

Iesu a phriodas

"Ond o ddechreuad y greadigaeth, yn wryw a benyw y gwnaeth Duw hwy. Dyna pam y bydd dyn yn gadael ei dad a'i fam ac yn glynu wrth ei wraig, a bydd y ddau yn un cnawd. Gan hynny nid dau mohonynt mwyach, ond un cnawd. Felly, yr hyn a gysylltodd Duw ni ddylai dyn ei wahanu."

MARC 10:6-9

Mae rhai, sy'n cael eu galw'n arbenigwyr yn y maes, yn dweud wrthym na fwriadwyd i fodau dynol fod yn bobl un gŵr neu un wraig. Mae eraill yn meddwl ei bod yn awr yn afresymol disgwyl i ddau aros gyda'i gilydd gan ein bod yn byw yn hirach. Mae'r Beibl yn perthyn i oes a diwylliant cwbl wahanol i'n rhai ni, felly pa mor ddifrifol y dylem gymryd yr hyn a ddywedodd Iesu am briodas? Mae digon o bobl yn meddwl bod priodas ym mwriad Duw o'r cychwyn, a bod y parhad a'r ffyddlondeb a ddisgrifia Iesu o hyd yn bosibl - ac yn ddymunol - yn y byd sydd ohoni. Mae pob priodas yn wahanol a rhaid i bob cwpwl ddysgu sut i gadw a chyfoethogi'r berthynas rhyngddynt. Nid oes raid i ffyddlondeb i un cymar fod yn ddiflas pan yw'r berthynas yn tyfu ac yn cael ei hadnewyddu fel mae'r partneriaid yn newid. Gall priodas gostio'n ddrud mewn rhoi anhunanol a dangos gofal o'r iawn ryw. Mae priodas dda yn cael ei gwneud - a'i chynnal - ar y ddaear yn ogystal â'r nefoedd.

Gwragedd Cristnogol

Yn yr un modd, chwi wragedd priod, byddwch ddarostyngedig i'ch gwŷr; ac yna, os oes rhai sy'n gwrthod credu gair Duw, fe'u henillir hwy trwy ymarweddiad eu gwragedd... Boed ichwi'n addurn, nid pethau allanol fel plethu gwallt, ymdaclu â thlysau aur, ymharddu â gwisgoedd, ond cymeriad cêl y galon... sef ysbryd addfwyn a thawel.

1 PEDR 3:1, 3-4

Fe wyddai'r Apostol Pedr am fywyd priodasol - roedd yn briod ei hun. Roedd yn pryderu am y gwragedd - llawer ohonynt yn gyfoethog - a ddaeth yn

Gristnogion ond yn gorfod byw mewn cartrefi paganaidd. Hwyrach na fyddai'r gwŷr yn cytuno â'r 'grefydd' newydd hon, ond mae Pedr yn sylweddoli y medrent yn hawdd wneud pethau'n waeth wrth 'bregethu' i'w gwŷr. Gallent gael eu temtio i wneud dim ond siarad am eu ffydd newydd, ond mae'n gweld y medrent wneud mwy o les drwy gadw'n dawel. Mae gweithredu yn medru bod yn fwy huawdl na siarad, ac fe fyddai eu gwŷr yn sylwi'n fuan ar y newid ynddynt. Yn hytrach na gorfod edmygu steil gwallt newydd, neu ddillad costus, fe fyddent yn sylwi ar addfwynder newydd a phrydferthwch yn ffordd y gwragedd o ymddwyn. Yn hwyr neu hwyrach, fe fyddai eu gwŷr am wybod y rheswm am y newid.

Rhannu'r gwaith

Rhowch fy nghyfarchion i Prisca ac Acwila, fy nghydweithwyr yng Nghrist Iesu, deuddyn a fentrodd eu heinioes i arbed fy mywyd i. Nid myfi yn unig sydd yn diolch iddynt, ond holl eglwysi'r Cenhedloedd. Fy nghyfarchion hefyd i'r eglwys sydd yn ymgynnull yn eu tŷ.

RHUFEINIAID 16:3-5

Mae gennym ni fwy nag un cipolwg pryfoclyd o'r pâr o Gristnogion hyn yn llyfr yr Actau a rhai o lythyrau Paul. Cawn hwy yn byw yng Nghorinth, Effesus a Rhufain. Mae'n ymddangos eu bod yn gweithio'n ardderchog gyda'i gilydd, y ddau yn gydradd, a phan gyfeirir atynt fe ddaw enw Priscila yn gyntaf mor aml ag un Acwila. Pan gyrhaeddodd Paul Gorinth gyntaf heb le i aros aeth i letya gyda hwy, ac fe fedrent weithio gyda'i gilydd fel gwneuthurwyr pebyll gan eu bod o'r un grefft. Yn ddiweddarach, daeth Apolos i Effesus - pregethwr huawdl, ond heb eto wybod y cwbl am y neges Gristnogol, fel y digwyddai'n aml yn y dyddiau cynnar hynny. Gyda'r ffws lleiaf posibl ac heb wneud i Apolos edrych yn fach, aeth Priscila ac Acwila ag ef adref gyda hwy ac 'esbonio iddo Ffordd Duw yn fanylach'. Fel canlyniad daeth Apolos yn arweinydd Cristnogol gwych. Roedd Acwila a Priscila yn bartneriaeth ardderchog, yn gweithio'n dawel gyda'i gilydd er cyfoethogi pawb a gyfarfyddent.

Llawenydd drwy boen

Dywedodd wrth y wraig: "Byddaf yn amlhau yn ddirfawr dy boen a'th wewyr; mewn poen y byddi'n geni plant."

GENESIS 3:16

Pan ddaeth James Simpson â clorofform gyntaf i leddfu poen adeg geni, roedd rhai offeiriaid yn dyfynnu'r geiriau hyn o lyfr Genesis i brofi bod Duw yn *golygu* i wragedd ddioddef poen. Ond pan ddefnyddiodd y Frenhines Fictoria ef ar enedigaeth ei nawfed plentyn, fe newidiodd barn cymdeithas.

Nid oedd poen Efa wedi ei gyfyngu i eni. Mae llawer o wragedd yn dal i ddioddef blinder un geni ar ôl y llall a gweithio oriau maith yn y caeau. Mae amgylchiadau'n wahanol iawn yn y Gorllewin, eto i gyd, ychydig o wragedd sy'n cario baban ac yn esgor heb ryw gymaint o boen ac anhawster. Cawn ein hatgoffa bod popeth gwerthfawr yn costio. Mae dod â phlentyn i'r byd yn un o brofiadau bendigedig bywyd, er yn arswydus. Ond mae'n costio - nid yn unig mewn arian - ond mewn amser, gofal ac emosiwn. Mae'r pris sydd i'w dalu am gael plant yn ein hatgoffa o gost cariad mewn byd pechadurus. Dechrau, nid diwedd, poen - a llawenydd hefyd - yw geni plentyn.

Teuluoedd dedwydd

Pwy sydd fel yr Arglwydd ein Duw yn y nefoedd neu ar y ddaear, yn gosod ei orseddfainc yn uchel a hefyd yn ymostwng i edrych yn isel?... Rhydd deulu i'r wraig ddi-blant; daw'n fam lawen i feibion.

SALM 113:5-6, 9

Yn amser y Beibl roedd gwraig ddi-blant nid yn unig yn drist ac yn teimlo colled, ond hefyd yn teimlo cywilydd dwfn. Pan nad oes yna gred mewn byd arall, mae plant ac wyron yn bwysig i barhau'r llinach deuluol.

Mae yn y Beibl nifer o hanesion am wragedd a gâi eu dirmygu am fod yn ddi-blant ond a feichiogodd yn ddiweddarach. Fe gafodd eu cartrefi a'u bywydau eu trawsnewid.

Heddiw mae mwy o bosibilrwydd i wragedd feichiogi drwy ddatblygiadau gwyddonol a meddygol, ac mae rhai yn mynnu ei bod yn hawl sylfaenol bod yn rhiant, heb ystyried yr amgylchiadau na lles y plentyn. Mae plentyn yn rhodd sydd i'w derbyn yn ddiolchgar, nid hawl i'w meddu. Fe fedrwn ni sydd yn rhieni ddiolch i Dduw am ein plant ond cydnabod hefyd nad ydynt yn eiddo i ni. Yn gyntaf a phwysicaf maent yn eiddo i Dduw, sydd wedi rhoi eu benthyg inni.

Plant oddi wrth Dduw

Dechreuodd Pedr ddweud wrtho, "Dyma ni wedi gadael popeth ac wedi dy ganlyn di." Meddai Iesu, "Yn wir, rwy'n dweud wrthych, nid oes neb a adawodd dŷ neu frodyr neu chwiorydd neu fam neu dad neu blant neu diroedd er fy mwyn i ac er mwyn yr Efengyl, na chaiff dderbyn ganwaith cymaint yn awr yn yr amser hwn, yn dai a brodyr a chwiorydd a mamau a phlant a thiroedd, ynghyd ag erledigaethau, ac yn yr oes sy'n dod fywyd tragwyddol."

MARC 10:28-30

Daeth stori Gwladys Aylward, y forwyn o Lundain, yn enwog drwy'r ffilm - *Inn of the Sixth Happiness*. Fe ddechreuodd y cyfan pan eisteddodd yn ei hystafell wely a gweddïo, 'O Dduw. Dyma fi. Dyma fy Meibl. Dyma f'arian. Defnyddia ni, Dduw. Defnyddia ni!'

Ar waethaf pob anhawster, fe wnaeth Duw hynny. Aeth Gwladys i China, gan anghofio pob syniad am briodi a chael teulu. Ond rhoddodd Duw dros gant o blant iddi, i ofalu amdanynt a'u hachub rhag byddin y Siapaneaid. Ym 1938 teithiodd dros y mynyddoedd er mwyn eu cael i ddiogelwch. Dioddefodd holl ofidiau a chyfrifoldeb mam ond profodd y llawenydd hefyd. Mae Duw yn rhoddi'n ôl i ni lawer mwy nag a roddwn ni iddo ef.

Diwrnod i fod yn edifar

"Ar y degfed dydd o'r seithfed mis yr ydych i'ch disgyblu eich hunain, a pheidio â gwneud unrhyw waith... oherwydd ar y dydd hwn gwneir cymod drosoch i'ch glanhau; a byddwch yn lân o'ch holl bechodau gerbron yr Arglwydd... y mae'n ddeddf dragwyddol."

LEFITICUS 16:29-31

Ni fedr rhai pobl gydnabod y gallant fod yng anghywir. Ond roedd yr Iddewon wedi dysgu bod eu geiriau a'u gweithredoedd, ochr yn ochr â daioni a sancteiddrwydd Duw, yn bechadurus yn aml. Felly neilltuwyd un diwrnod yn flynyddol - Dydd y Cymod - ar gyfer edifeirwch a glanhad. Roedd bod heb fwyd a dim gwaith yn rhoi cyfle iddynt feddwl am y flwyddyn a aethai heibio a chyffesu eu pechodau a'u methiannau. Yna, mewn seremonïau cymhleth, roedd yr offeiriad yn delio â'r pechodau a rhoi i'r bobl ddechreuad newydd, glân. Mae'n beth da i aros - yn arbennig ar ddiwedd blwyddyn - a chydnabod yn ymwybodol yr hyn y mae arnom angen maddeuant Duw amdanynt. Mae'r Epistol at yr Hebreaid yn atgoffa ei ddarllenwyr a fu unwaith yn Iddewon nad oes angen y seremoni flynyddol hon i sicrhau maddeuant. Mae Iesu wedi trefnu ffordd, unwaith ac am byth, i ni gael maddeuant, drwy ei farw a'i atgyfodiad.

Penblwydd *an*hapus

Pan oedd Herod yn dathlu ei ben-blwydd, dawnsiodd merch Herodias gerbron y cwmni a phlesio Herod gymaint nes iddo addo ar ei lw roi iddi beth bynnag a ofynnai. Ar gyfarwyddyd ei mam, dywedodd hi, "Rho i mi yma ar ddysgl, ben Ioan Fedyddiwr." Aeth y brenin yn drist, ond oherwydd ei lw ac oherywdd ei westeion gorchmynnodd ei roi iddi, ac anfonodd i dorri pen Ioan yn y carchar.

MATHEW 14:6-10

Hanes o odinebu, llosgach, eiddigedd, euogrwydd a chreulondeb yw hanes Herod. Efallai y dylem gydymdeimlo peth â'r brenin gwan, dryslyd hwn. Ei angel drwg oedd Herodias, ac os bu ganddo angel da erioed Ioan Fedyddiwr oedd hwnnw. Fe siaradodd Ioan yn ddi-ofn yn y llys pwdr hwnnw ac fe wrandawodd Herod, ond nid oedd yn fodlon newid ei ffyrdd. Fe ddylai dyddiau pen-blwydd fod yn adegau hapus, ac heb amheuaeth fe lifai'r gwin ac fe fyddai'r bwrdd wedi ei lenwi â danteithion prin. Ond roedd Herod yn mynd ar y goriwaered i drychineb. Pe na bai ei addewid byrbwyll wedi gwneud hynny, fe fyddai rhywbeth arall wedi setlo'i dynged. Pan gwrddodd Iesu â Herod, yn ddiweddarach, nid oedd ganddo ddim i'w ddweud wrth y brenin euog.

I'r goleuni

Yna llefarodd Iesu wrthynt eto. "Myfi yw goleuni'r byd," meddai. "Ni bydd neb sydd yn fy nghanlyn i byth yn rhodio yn y tywyllwch, ond bydd ganddo oleuni'r bywyd."

IOAN 8:12

Roedd Iesu yn Jerwsalem ar gyfer Gŵyl y Pebyll - amser o lawenydd a dathlu. Cynheuid pedair lamp aur yng nghyntedd y Deml, ac fe geid miwsig a dawnsio, canu a dathlu ar hyd y nos fel y taflai'r lampau olau dros y ddinas. Roedd hyn i gofio'r adeg pan oedd Israel yn yr anialwch, pan ymddangosodd Duw i'w bobl mewn colofn o dân neu oleuni. Dyma'r cefndir i eiriau Iesu, yn cyhoeddi ei fod yn rhoi goleuni i bawb a'i dilynai. Ar ôl yr Ŵyl diffoddid y lampau ac âi bywyd ymlaen yn ôl ei arfer. Ond fe fu presenoldeb Duw gyda'i bobl drwy gydol eu crwydro, yn eu diogelu ac yn eu harwain yn eu blaenau. Fe addawodd Iesu hefyd na fydd y golau yn diffodd i'r sawl a fydd yn ei ganlyn ef. Sut bynnag y bydd y flwyddyn hon yn gorffen, mae geiriau Iesu'n ein hatgoffa ein bod yn byw yn nisgleirdeb ei bresenoldeb ef, pa mor dywyll bynnag yw y daith.

Y BEIBL AR AMRANTIAD

YR HEN DESTAMENT

(Wedi'i ysgrifennu bron yn gyfangwbl mewn Hebraeg yn wreiddiol)

Llyfrau'r Gyfraith

(Weithiau fe'u gelwir yn Pentateuch neu y pum llyfr.)

Genesis

Ystyr Genesis yw 'y dechrau'. Llyfr am ddechreuadau yw - dechrau'r byd, dechrau newydd wedi'r dilyw a dechrau cenedl yr Iddewon. Mae'n cynnwys rhai o'r hanesion mwyaf adnabyddus yn y Beibl, yn cynnwys hanes Adda ac Efa, Abraham, Isaac, Jacob a Joseff.

Exodus

Ystyr Exodus yw 'mynd allan' neu 'ymadael'. Mae'r llyfr hwn yn adrodd hanes Duw yn achub yr Israeliaid dan arweiniad Moses o gaethiwed yn yr Aifft, a chyfamod Duw â hwy.

Lefiticus

Yn y llyfr hwn fe geir y rheolau a roddodd Duw i'w bobl trwy Moses, yn cynnwys patrymau ar gyfer addoli a chadw defodau crefyddol. Fe ddaw'r enw o Lefi, y llwyth oedd yn rhoi cymorth i'r offeiriaid i arwain y bobl yn eu haddoliad.

Numeri

Fe gafodd ei enw oddi wrth y ddau gyfrifiad y cyfeirir atynt yma. Mae'n adrodd hanes bywyd crwydrol yr Israeliaid wedi iddynt ffoi o'r Aifft.

Deuteronomium

Ystyr y gair hwn yw 'yr ail ddeddf'. Mae'r llyfr ar ffurf areithiau ffarwél Moses, yn atgoffa'r bobl o ddeddfau Duw a'i gyfamod cyn iddynt fynd i mewn i Wlad yr Addewid.

Y Llyfrau Hanes

Josua

Hanes Josua, olynydd Moses, yn arwain yr Israeliaid i Wlad yr Addewid sef Canaan ac yn rhannu'r tir rhwng y llwythau.

Barnwyr

Hanesion am arweinwyr cenedlaethol neu 'farnwyr' yn ystod y cyfnod di-drefn rhwng yr amser y bu'r Israeliaid yn ymsefydlu yng Nghanaan a chyn iddynt gael eu brenin eu hunain.

Ruth

Stori fer, wedi'i gosod yng nghyfnod y Barnwyr, am ofal Duw dros wraig weddw a'i merch-yng-nghyfraith Ruth, oedd yn estron. Fe ddaeth Ruth yn un o hynafiaid y Brenin Dafydd.

1 a 2 Samuel

Hanes Israel o gyfnod Samuel, y barnwr olaf, hyd ddiwedd teyrnasiad y Brenin Dafydd.

1 a 2 Brenhinoedd

Hanes Israel, yn ymestyn dros tua 400 o flynyddoedd, o farwolaeth Dafydd, rhannu'r deyrnas ar ôl marwolaeth y Brenin Solomon, hyd at gwymp Jerwsalem a dinistrio'r Deml gan y Babiloniaid.

1 a 2 Cronicl

Mae'n ailadrodd llawer o'r hyn sydd yn 1 a 2 Brenhinoedd - ond o agwedd wahanol. Fe'i bwriadwyd ar gyfer y bobl a ddychwelodd o gaethglud Babilon i Jerwsalem, ac mae ei bwyslais ar addoli yn y Deml a gorchestion arbennig brenhinoedd Jwda.

Esra

Hanes dwy garfan o alltudion Iddewig a ddychwelodd i'w mamwlad ac ailadeiladu'r Deml. Fe ddysgodd Esra, oedd yn arbenigwr ar y Gyfraith Iddewig, iddynt sut i gadw'r deddfau.

Nehemeia

Llyfr i fod ochr yn ochr ag Esra. Nehemeia, un o'r alltudion

Iddewig, fu'n arwain y drydedd garfan o ddychweledigion i Jerwsalem. Fe ddaeth yn llywodraethwr a threfnodd ailadeiladu'r muriau. Roedd ei ddiwygiad crefyddol yn gorgyffwrdd â gwaith Esra.

Esther

Hanes Esther, merch o Iddewes a ddaeth yn frenhines Persia ac a achubodd ei chenedl rhag difodiant ar ddwylo'u gelyn, sydd yn y llyfr hwn.

LLYFRAU BARDDONIAETH A DOETHINEB

Job

Mae llyfr Job ar ffurf cerdd ddramatig ac yn trafod problem dioddefaint. Nid yw cyfeillion Job a'u hesboniadau crefyddol traddodiadol yn cynnig unrhyw gymorth. Ond er nad eglurir dioddefaint Job mae'n ei chael yn haws i'w oddef pan ddatguddia Duw ei hun i Job. Ac y mae diwedd hapus i'r hanes.

Salmau

Ystyr salm yw cân yn cael ei chanu i gyfeiliant telyn. Casgliad o 150 o gerddi a gweddïau yn mynegi pob math o ymateb dynol i Dduw ac i brofiadau bywyd yw'r Salmau.Wedi'r gaethglud daeth y Salmau yn llyfr emynau a llyfr gweddïau'r Israeliaid.

Diarhebion

Dywediadau a dysgeidiaeth yn llawn doethineb ac yn trafod amrywiaeth o faterion o egwyddorion crefyddol dwfn i faterion synnwyr cyffredin a chwrteisi. Yn Diarhebion, parch at Dduw yw sail gwir ddoethineb.

Pregethwr

Yma mae'r dyn doeth - neu'r athronydd - yn myfyrio ar bwrpas bywyd, ac yn dod i'r casgliad yn aml, ei fod yn ddibwrpas. Fe all llawer o'r hyn a ddywed ymddangos yn negyddol ond mae cynnwys y llyfr yn y Beibl yn rhoddi lle i amheuaeth onest fel rhan o ymchwil dyn.

Caniad Solomon

Casgliad o ganeuon serch, mewn cefndir gwledig, ac yn ddigywilydd o erotig. Mae'r caneuon hyn yn aml yn cael eu dehongli fel rhai ysbrydol sy'n cynrychioli'r berthynas rhwng Duw a'r ddynoliaeth, ond nid dyna'u prif fwriad.

Llyfrau'r Proffwydi Mawr

Eseia

Eseia oedd y llefarydd ar ran Duw wrth frenhinoedd Jwda. Mae'r casgliad cyfan o broffwydoliaethau yn ymestyn dros gyfnod o tua 200 mlynedd ac yn dangos y prif ddigwyddiadau yn hanes Israel yng ngoleuni barn Duw a Duw yn adfer ei bobl.

Jeremeia

Roedd Jeremeia yn proffwydo yn ystod teyrnasiad pum brenin olaf Jwda. Roedd yn gas ganddo fod yn broffwyd gofidiau yn gorfod rhybuddio dro ar ôl tro am farn Duw ond fe wireddwyd ei eiriau yn y diwedd.

Galarnad

Casgliad o bum cerdd neu alarnadau am ddinistr Jerwsalem yn 586 CC. Mae'r bardd anadnabyddus, oedd yn amlwg yn dyst i'r digwyddiadau, yn dal i obeithio yn Nuw.

Eseciel

Roedd Eseciel yn byw ac yn proffwydo ym Mabilon yn ystod caethglud yr Iddewon yno. Mae gweledigaethau a chyflwyniadau dramatig yn amlwg yn ei broffwydoliaethau, sydd hefyd yn cynnwys gobaith am adferiad yn y dyfodol.

Daniel

Mae rhan gyntaf y llyfr yn cynnwys storïau am Ddaniel ac Iddewon eraill oedd wedi'u halltudio i Fabilon ac a barhaodd yn ffyddlon i Dduw tra buont yno. Yn yr ail ran, trwy gyfrwng gweledigaethau symbolaidd hynod, fe geir sicrwydd mai Duw sy'n rheoli. Efallai i'r llyfr gael ei ysgrifennu i galonogi Iddewon mewn cyfnodau diweddarach o erlid.

Llyfrau'r Proffwydi Bach

Hosea

Fe ddefnyddiodd Hosea ei brofiadau ei hun o gariad a dioddefaint o ganlyniad i anffyddlondeb ei wraig i ddangos cariad cyson Duw at Israel ar waethaf ei hanffyddlondeb hi.

Joel

Efallai i'r llyfr hwn gael ei ysgrifennu yn y bumed neu'r bedwraedd ganrif CC. Ynddo fe ddefnyddia Joel bla o locustiaid fel arwydd o ddyfodiad 'Dydd yr Arglwydd' pan fydd barn Duw yn fwy difaol fyth. Mae hefyd yn edrych ymlaen at amser pan fydd Duw yn bendithio ac yn adfer.

Amos

Roedd Amos yn proffwydo yn Israel, teyrnas y gogledd, ganol yr wythfed ganrif CC. Fe amlygodd yr anghyfiawnder a'r creulondeb yr oedd y tlawd yn eu goddef oddi ar law dynion a merched cyfoethog oedd, yn allanol, yn bobl grefyddol iawn.

Obadeia

Proffwydoliaeth fer wedi ei hanelu yn erbyn teyrnas gyfagos Edom am iddi anrheithio Jerwsalem a helpu gelynion Jwda pan syrthiodd Jerwsalem i'r Babiloniaid yn 586 CC.

Jona

Stori wych am broffwyd anfodlon y bu'n rhaid iddo ddysgu nad oedd cariad a thrugaredd Duw yn gyfyngedig i Israel.

Micha

Roedd yn cydoesi ag Eseia, Hosea ac Amos. Roedd Micha, ffermwr o'r bryniau, yn cyhoeddi gwae yn erbyn anghyfiawnderau cymdeithasol.

Nahum

Dathlu cwymp Ninefe, prif ddinas Ymerodraeth Asyria, tua diwedd y seithfed ganrif CC sydd yma.

Habacuc

Cydoesai â Jeremeia. Ei broblem oedd deall sut y gallai Duw ganiatáu i genedl baganaidd fel y Babiloniaid ffynnu a dinistrio pobl heb fod cynddrwg â hwy.

Seffaneia

Mae'n debyg mai yn niwedd y seithfed ganrif yr oedd Seffaneia yn proffwydo ac yn rhybuddio Jwda o'r farn oedd i ddod oherwydd eu heilunaddoliaeth. Ond y mae hefyd yn rhagweld y byddai'r ychydig ffyddlon yn cael eu hadfer.

Haggai

Roedd Haggai yn proffwydo ar ôl i'r genedl Iddewig ddychwelyd o'r gaethglud, ac yn ceisio annog y bobl i yrru ymlaen gyda'r gwaith o ailadeiladu'r Deml.

Sechareia

Roedd y gweledydd, Sechareia, yn gweithio ochr yn ochr â Haggai, ac yn cyflwyno'i neges o adnewyddu ac adfer trwy gyfrwng darluniau byw.

Malachi

Roedd Malachi yn proffwydo yn y bumed ganrif CC wedi i'r Deml gael ei hailadeiladu. Mae'n rhoi her i'r bobl ynglŷn â'u perthynas â Duw a'u hufudd-dod iddo.

Y TESTAMENT NEWYDD

(Cafodd ei ysgrifennu'n wreiddiol bron yn gyfangwbl mewn Groeg)

Y Pedair Efengyl

Adroddiadau am fywyd Iesu. Nid bywgraffiadau yn ein hystyr fodern ni yw'r rhain. 'Efengylau' neu 'newyddion da' ydynt am Iesu, llyfrau sy'n dewis a dethol y rhannau hynny o'i fywyd, ei farwolaeth a'i atgyfodiad sy'n cyfleu'r newyddion da hynny i'r darllenwyr.

Mathew

Roedd Mathew yn ysgrifennu'n arbennig ar gyfer yr Iddewon. Fe rydd lawer o le i ddysgeidiaeth Iesu.

Marc

Efengyl Marc yw'r fyrraf ond hi oedd y gyntaf i gael ei hysgrifennu. Mae Marc yn ysgrifennu'n llithrig ac uniongyrchol. Mae ei dudalennau'n llawn cyffro, ac yn helpu'r eglwys ifanc i ddeall ac i ledaenu'r newyddion da am Iesu.

Luc

Cenedl-ddyn oedd Luc a ysgrifennodd yn arbennig ar gyfer rhai heb fod yn Iddewon. Mae ei efengyl a'r dilyniant yn Actau'r Apostolion yn anelu at gywirdeb hanesyddol gan ddibynnu ar dystiolaeth uniongyrchol.

Ioan

Yr olaf o'r pedair i gael ei hysgrifennu, ac yn cynnwys ffrwyth meddwl a myfyrio ar ddigwyddiadau bywyd, marwolaeth ac atgyfodiad Iesu. Bwriad Ioan yw dod â phobl i gredu yn Iesu.

Blynyddoedd Cyntaf yr Eglwys Gristnogol

Actau'r Apostolion

Mae dilyniant Luc i'w efengyl yn adrodd hanes yr eglwys ifanc a hanes Cristnogaeth yn ymledu i'r byd. Pedr a Paul yw'r cymeriadau allweddol.

Llythyrau Paul

Rhufeiniaid

Mae llythyr Paul at y Cristnogion yn Rhufain yn cyhoeddi'r ffeithiau allweddol am y ffydd Gristnogol. Mae Paul yn cyhoeddi'n glir fod dynion a merched yn dod yn iawn â Duw trwy ras Duw a thrwy ffydd yn unig.

1 Corinthiaid

Fe ysgrifennodd Paul at yr eglwys a sefydlodd yng Nghorinth i ddelio â phroblemau rhaniadau, anghytundeb ac anfoesoldeb oedd wedi codi yno. Mae'n ateb eu cwestiynau hefyd.

2 Corinthiaid

Mae Paul yn awyddus i dorri dadleuon a fu rhyngddo ef a'i gyfeillion yng Nghorinth ac i amddiffyn ei apostoliaeth a'i ofal didwyll amdanynt, oherwydd bod ymwelwyr eraill â'r eglwys wedi ceisio bwrw anfri arno.

Galatiaid

Fe ysgrifenna Paul ar frys i gywiro'r camargraff oedd ar led na allai Cenedl-ddynion ddod yn Gristnogion heb yn gyntaf gadw deddfau ac arferion yr Iddewon. Fe gadarnha Paul mai gras Duw yn ymateb i ffydd pobl yw'r unig beth sy'n cyfrif.

Effesiaid

Mae Paul yn amlinellu bwriad Duw i ddod â phopeth a greodd dan reolaeth Iesu. Mae gan yr eglwys ran i'w chwarae yng nghynllun Duw ac fe ddylai Cristnogion fyw bywydau yn unol â'r alwad aruchel a osodwyd arnynt.

Philipiaid

Fe ysgrifenna Paul yn hoffus at ei gyfeillion yn yr eglwysi a sefydlodd yn Philipi. Mae'n diolch iddynt am y rhodd hael iddo ac yn erfyn arnynt i fod yn unol â'i gilydd.

Colosiaid

Ysgrifennu i wrthsefyll gau ddysgeidiaeth a wna Paul yma ac i gadarnhau mawredd a goruchafiaeth Crist.

1 Thesaloniaid

Fe fu'n rhaid i Paul adael Thesalonica yn fuan wedi iddo sefydlu'r eglwys yno. Ei nod yw hybu a chadarnhau eu ffydd a chlirio'r camddealltwriaeth ynglŷn ag ail ddyfodiad Crist

2 Thesaloniaid

Roedd y Thesaloniaid yn parhau'n ansicr ynglŷn â dychweliad Crist felly fe ysgrifenna Paul atynt i'w goleuo ymhellach.

1 Timotheus

Gŵr ifanc a ddaeth yn un o gynorthwywyr Paul ar ei deithiau cenhadol oedd Timotheus. Yn awr ef oedd arweinydd yr eglwys yn Effesus ac fe ysgrifenna Paul i'w gynghori ac i'w annog.

2 Timotheus

Roedd Paul yn y carchar yn disgwyl wynebu marwolaeth unrhyw funud. Fe ysgrifenna i annog Timotheus i ddal ati yn ei weinidogaeth, gan gymryd bywyd Paul yn esiampl.

Titus

Roedd Titus - Cenedl-ddyn oedd wedi cael tröedigaeth ac wedi dod yn un o gynorthwywyr Paul - yn awr yn arweinydd yr eglwys ar ynys Creta. Fe rydd Paul gyngor iddo, gan sylweddoli mor allweddol oedd rôl ac esiampl yr arweinwyr yn yr eglwysi ifanc hyn.

Philemon

Llythyr personol gan Paul at ei gyfaill Philemon. Yr oedd Onesimus, caethwas Philemon, wedi dianc ac wedi cyrraedd Rhufain lle, drwy Paul, y daeth yn Gristion. Mae Paul yn ei anfon yn ôl at ei feistr, ac yn ymbil yn gryf arno i faddau iddo.

Llythyrau Cyffredinol

Hebreaid

Bwriad yr awdur anhysbys yw dangos bod Iesu wedi cyflawni'r cyfan yr oedd yr Hen Destament wedi ei ddechrau ac wedi cyfeirio ato.

Iago

Llythyr yn llawn o gynghorion ymarferol, wedi eu darlunio mewn geiriau byw, ac yn cynnwys llawer adlais o ddysgeidiaeth Iesu yn arbennig yn y Bregeth ar y Mynydd.

1 Pedr

Roedd Pedr â'i fryd ar baratoi'r Cristnogion ar gyfer erledigaeth oedd i ddod. Fe ysgrifenna'n fywiog am obaith gwych a llawenydd yr efengyl Gristnogol gan eu hannog i ddal ati.

2 Pedr

Llythyr a ysgrifennwyd i wrthsefyll y rheiny oedd yn dweud nad oedd byw bywyd moesol dda yn bwysig i Gristnogion ac yn gwrthod credu yn ail ddyfodiad Iesu.

1 Ioan

Fe'i hysgrifennwyd i galonogi Cristnogion oedd wedi eu drysu gan gau ddysgeidiaeth. Mae'n eu hannog i fyw mewn cymdeithas â Duw ac â'i Fab Iesu ac i garu ei gilydd.

2 Ioan

Mae'n bur debyg mai ffordd gudd o gyfeirio at yr eglwys yw'r geiriau 'yr arglwyddes etholedig a'i phlant' ar ddechrau'r llythyr. Mae'r pwyslais eto ar gariad ac mae yma rybudd rhag gau ddysgeidiaeth.

3 Ioan

Llythyr at arweinydd eglwysig o'r enw Gaius, yn ei gymeradwyo am ei waith a'r un pryd yn ei rybuddio rhag un a chwenychai fod yn ben yn yr eglwys leol.

Jwdas

Llythyr byr, yn debyg o ran cynnwys i 2 Pedr, ac yn rhybuddio rhag gau ddysgeidiaeth. Mae ynddo lawer cyfeiriad at yr Hen Destament ac ysgrifeniadau Iddewig.

GWELEDIGAETHAU IOAN

Datguddiad

Nod yr awdur yw calonogi Cristnogion sy'n dioddef erledigaeth. Fel llyfr Daniel, mae'n llawn gweledigaethau a delweddau dieithr iawn. Y neges sy'n sicrhau undod ynddo yw'r sicrwydd o fuddugoliaeth derfynol Crist dros holl allu gwrthwynebus y drwg.

TORFAEN LIBRARIES